メールの返信
フィードバック
いつものやり取りに生きる

編集者の返信術

宣伝会議

はじめに

作家や漫画家などクリエイターたちの想いを最初に受け取るのは、一般的には黒子と言われる編集者です。「自分のアイデアが本当に受け入れられるだろうか？」「もっと良いアイデアはないだろうか？」…常に不安と戦いながら創作活動に勤しむクリエイターにとって、作品が形になるまでの間に編集者との間で行われるコミュニケーションは、時に心の支えになるものです。

宣伝会議では、これまで『編集・ライター養成講座』や『編集長養成講座』などの講座開講を通じて、コンテンツづくりにおける編集スキルと、その活用可能性について考えてきました。

日々の会議やメールでのやり取り、企画書へのフィードバック…相手がいる限り求められる「返信」。編集者として相手に向き合い、作品を形にしていくために求められる姿勢やスキルは、あらゆるビジネスでも生かせるものです。

本書『編集者の返信術』では、8名のプロフェッショナルに、「返信」をひとつのテーマとして話を聞きました。

人とのコミュニケーションは、マニュアルがあれば上手くいくものではありません。ですが、編集者の皆さんのこれまでの経験や、日々のリアルなやり取りを語ってもらうことで、そのノウハウのエッセンスを取り入れることができるのではないかと考えます。

本書が、コミュニケーションに悩む全ての皆さんのヒントとなれば幸いです。

月刊『宣伝会議』編集部

CONTENTS

1

お互いが自分らしくあれる距離を保つこと。

今野良介
ダイヤモンド社

今野良介《こんの・りょうすけ》

1984年東京生まれ。ダイヤモンド社書籍編集局所属。早稲田大学第一文学部卒。担当書に『読みたいことを、書けばいい。』『こうやって、言葉が組織を変えていく。』『会計の地図』『お金のむこうに人がいる』『東大卒、農家の右腕になる。』『最新医学で一番正しいアトピーの治し方』『1秒でつかむ』『落とされない小論文』『0メートルの旅』『ぼくらは嘘でつながっている。』など。好きな歌手はaiko。twitter／@aikonnor

――編集者になったきっかけは。

就活開始当初は新聞記者志望でしたが、ＯＢ訪問や新聞社でのアルバイトなどを通して具体的に自分が働く姿をイメージする中で、書籍編集者に魅力を感じるようになりました。

書店で、たとえば文藝の棚にいる読者とビジネス書の棚にいる読者を観察していると、佇まいが違います。文藝は基本的に好きで手に取るものだから、ゆったり楽しそうに選んでいる人が多い。一方で、ビジネス書の棚前の人々は「自分の仕事に役立つ本はないか」と食い入るように立ち読みしている。僕自身はそれまでビジネス書は全くと言っていいほど読んでいなかったのですが、作り手に回ることを考えると、「お客さんの貪欲さ」においてビジネス書はやりがいが大きそうで面白そうだと思いました。書籍編集は新聞記者と違って自分で企画を立てない限り仕事がないわけですけれども、企画からプロモーションまで思い切り関わることができます。もう12年以上経ちますが、今も面白いです。

――著者をはじめ人とのコミュニケーションで普段、意識していることはありますか。

対立関係や上下関係が生まれそうな芽を摘んで、異なる立場で違う役割を認め合い、言いたいことを言い合える関係をいかに築けるか、です。ビジネス書籍編集のいいところは、共通の目的に向かう協働者として、誰が相手でも対等であれることだと思っているので、敬意を保ちつつ無駄な遠慮や忖度をいかに早く排除できるかが大事です。

そのためには、適切な距離を探り当てること。「適切」とは「自然」と言ってもよくて、「どの距離で接するのが、書籍を作って売る過程においてベストなのか」を感じ取ることです。「わたし」は相手によって変わります。立場、業種、見た目、年齢、実績、その他もろもろ相手の全てが作用して「その人の前だけのわたし」が立ち現れます。普段は聞き手に回ることが多いのに特定の人の前ではおしゃべりになったり、ある人の前にいるとソワソワするけど別の人の前ではのんびりできたり。人間関係を扱うスキル本には「距離を詰めなきゃいい関係は築けない」とか「いち早く主導権を

今野良介　ダイヤモンド社

握れ」とかいろいろなハックが書いてありますが、無理をして自分を繕ってもどこかでボロが出て破綻するというのが私の経験則です。だから、まずは「その人の前でだけ出てくる自分」に抵抗しすぎない。

その上で、「相手も同様に自然であるか」をコミュニケーションの中で感じ取ろうとします。特に、不信感や嫌悪感を抱かれていないか。（生意気だな）（信用できなさそうだな）（言いたいことを言えなさそうだな）と思われれば、原稿に必ず悪影響が出ますから。人と人との距離は、それまでお互いが過ごしてきた人生を踏まえて出会った時点でもう決まっていると思うんです。だから無理に距離を詰めたり空けたりしないようにしています。

もしそれがどうしても合わない相手同士なら、仕事をしない方がいいと思っています。何よりも、それは生み出す本にとって不幸だと思うからです。

ただ、立食パーティーで見ず知らずの人と目的のない話をするのとは違って、仕事相手とは共通の目的があります。行き先を共有して「自分の仕事をしよう」とお互いが思えれば、相手との距離を測り合えるはずです。

──著者やデザイナーへの「返信」で心がけていることはありますか？

原稿やデザイン案を受け取ったとき、いいところがひとつもないことは滅多にありません。少なくとも0が1になったこと、この世に新しく生まれる作品の第一歩を踏み出したことへの感謝やうれしさや言祝ぎや労いを自分なりに表現します。その上で、まだまだ原稿がもっと良くなると思えば、自分の感覚や思考の過程を伝えます。どこが、なぜ、よいと思ったか、それでもまだ物足りないことは何か、どこを直してほしいか。順番に伝えます。直してほしい理由って、大体が「もっといける」なんですよね。なので、その前段階の「いけてる」と思った感覚をしっかり伝えない限り、直してほしい理由に納得してもらえないはずです。というか、わたしが逆の立場だったらそう思うので……。

デザインに関しては、「想定している読者と少しズレている」「本の内容より難易度が高く見える」など、編集目線、読者目線のコメントにとどめます。色使いとか配置のバランスなど、デザインの専門的なことにはできるだけ口を出しません。知り合いのアートディレクターが、「デザイナーが消費者に理解してもらえるデザイン要素は全体の2割」だと言っていました。デザイナーは専門家としてこちらの想像を遥かに超えた解像度で考え抜いて案を出してくれているので、あくまで「受け手」としての目線で、しかし感じたことはストレートに伝えるようにしています。

——返信のタイミングは？

早いに越したことはないはずです。届いた原稿やデザインラフを自分ひとりならばさっとチェックできても、他の人の意見を聞きたかったりもするので、フィードバックには多少の時間が掛かります。だからこそ、「ありがとうございます。拝受しました」だけでもいいから最初の返信は早い方がいい。送る側は「これでよいだろうか」という不安を抱えつつ覚悟を決めて送信ボタンを押したはずですから。自分ならどう言われたいか、何をされたら嫌か、というのをまず考えます。やむをえず遅れてしまったら、「お返事が遅くなってしまってごめんなさい」です。

――コロナ禍で、コミュニケーションツールで変化したことはありましたか。

コロナ禍以前から圧倒的にテキストベースのやり取りが多く、90%以上の連絡はテキストです。ツールはメッセンジャー、メール、Slack、LINEなどさまざまです。新しく増えたのはZoomなどのオンライン会議ツールで、これは気兼ねなく会えるようになっても選択肢として残り続けるだろうと思います。

コロナ禍を経て一番変わったのは対面の意味で、「なんとなく会う」が「あえて会う」になりました。リスクを引き受けてわざわざお互い体を同じ場所に持っていく意味は何かと考え直すことになって、『会って、話すこと。』という本を作ったりもしました。会わずに仕事することが9割以上を占める中で、いつ「お会いしましょう」と言うかを大事にしています。いつ会うか、今でしょ、というタイミングが絶対にあるので。

今野良介　ダイヤモンド社

――著者などの創作物を見る時、どのような視点で見ているのでしょう。

著者の原稿については、まず「文章からその人が見えるか」が大前提です。企画を立案して原稿をもらうまで、じっくりその人の文章に触れてさんざんやり取りしてきたわけですから、自分が知っている相手の人格が文章から見えるかどうかが一番大事です。

また、文章は人格そのものなので、文章に対してものを言うのは相当の覚悟が要ります。たとえば一部をリライトして提案する場合、雑に相手の文章に手を入れるのは、不器用な執刀医がメスで相手を斬り刻むのに近い。「考えがあって書いているのに、こちらの痛みがわからず色々と手を入れてくる人だ」と相手はきっと思うはずです。中途半端に手を加えるくらいなら方向性だけを共有したほうがよいし、もし手を入れるなら、相手が「斬られたことに気づかないレベルだけど治っていた」と思える形にして提案する。どっちかです。

――著者の心理状態をどう把握し、どう連絡をとっていますか？

著者の心理状態がよくないときの大半は、「書けないとき」です。そのとき心がけているのは、「自分が安心したいがために相手に負担をかけないこと」です。

具体的には、こまめな催促をしない。「締め切りは明日ですが、進み具合はどうですか？」とか、別件で話しているのに「ところで、あちらのほうはどうなっていますか？」とか、「念のためお伝えしますが、明日10時必着でお願いします」みたいなことを言わない。相手はそんなことわかりきっていて、その上で書けないわけです。その状況を想像できるかどうかは、きっと信頼関係に関わります。

どうしても催促メールを送らなければならない時も、催促するたびに信用を失っているんじゃないかなと思いながら送ります。「早く書いてください」ではなく、「書けなさ」にどうアプローチするか。「構成の順番を変えてみましょうか」とか、「少し雑談しましょう」とか、「書けないってマジでキツいですよね」とか「書けないことそのものを書いちゃいましょうか」とか、とにかく一緒に横に立っているつもりで考える。少なくともそのスタンスを相手に感じてもらえないかと願って連絡をとります。

——創作物の良い・悪いといった判断軸は、どのように定めたらよいのでしょう。

本づくりでは、新しいものの見方や新しい面白さに毎回辿り着きたいと考えています。わたしは扱うテーマは絞りませんが「新しい入門書」を作りたくて、「その人にしか書けない、かつ今までにない入口」になる本を作りたいんです。

たとえば、岡田悠さんの『0メートルの旅』という本を出した2020年12月は、コロナ禍の真っただ中で、国境が封鎖されているタイミングでした。旅の本はあまたあるけれど、「今だからつくる旅の本とは何か」、「これまでにない旅の面白さをどう打ち出すか」、「旅の本を初めて読む人に、新しい旅の入口をどう作れるのか」と考えた末にできた本です。

何より、作っている我々が愛せる本になるかどうかを大事にしています。著者が書きたい、読みたいと切望していて、編集者も同じように考えている。少なくとも著者と編集者が2人とも「めちゃくちゃいい本だ」と言えることが最低限のスタートラインです。そこに辿り着けないなら、出さないほうがいいと思っています。どうすれば売れるかを考えるのは、その次です。

——これまでに印象的なエピソードはありますか。

前提として、本は衣食住に伴うものではありません。本がなくても基本的には生きていけます。だったら本そのものはもちろん、本を作る過程だって面白いほうが絶対にいい。

作る過程を楽しんだという意味では、『読みたいことを、書けばいい。』の著者である田中泰延さんとのやりとりです。8万字弱の本を作るのに、100万字くらいどうでもいい話をしていました。映画や、音楽や、次に食べたい料理の話をしたり、「読んでいること自体が楽しかったです」という思いをメール全体で示すのに、面白いと思った部分を太字で強調したり。どう面白く催促できるかを毎回考えたり。どの方と

今野良介　ダイヤモンド社

接するときも、その人としか生まれないコミュニケーションの楽しさを感じながら仕事ができたらいいなと思います。

私の経験では、仕事と関係ない内容を含めて面白くしていくほうが、相手からのアウトプットも結果的に面白くなると思います。編集者は自分以外の最初の読者ですから、事務的なやりとりばかりしている人、つまりは面白くない人に「面白いことを書いて見せてあげよう」とは思いにくいでしょうし。

――仕事を始めた頃から、「やりとり自体を面白く」というスタンスでしたか。

いやいや、全然です（笑）。キャリアの最初は、経理や人事など企業のバックオフィスの人が読む『企業実務』という雑誌の記者でした。原稿は社労士や弁護士、税理士などに書いてもらうのですが、右も左もわからない学生上がりの人間がいきなり専門家に記事を書いてもらうわけです。付け焼き刃で勉強するのが精一杯で、面白さなんて考えるレベルじゃなかったです。

開き直れたのは、読者がプロではなく企業の実務担当者だと気づけたことです。僕は著者よりも圧倒的に読者に近いわけだから、むしろ何も知らない自分の知識レベルで理解できる記事ならば作ることができる。それ以上はできない。自分自身が読者になればいいんだと思ったとき、覚悟が決まりましたし、楽しくなっていきました。

今野良介　ダイヤモンド社

SUMMARY

☑ お互いが自分らしくあれる距離を見つけて、保つ。

☑ 自分が安心したいがために、相手に負担をかけない。

☑ その人としかできないコミュニケーションを楽しみながら、仕事を面白くしていく。

WORKS

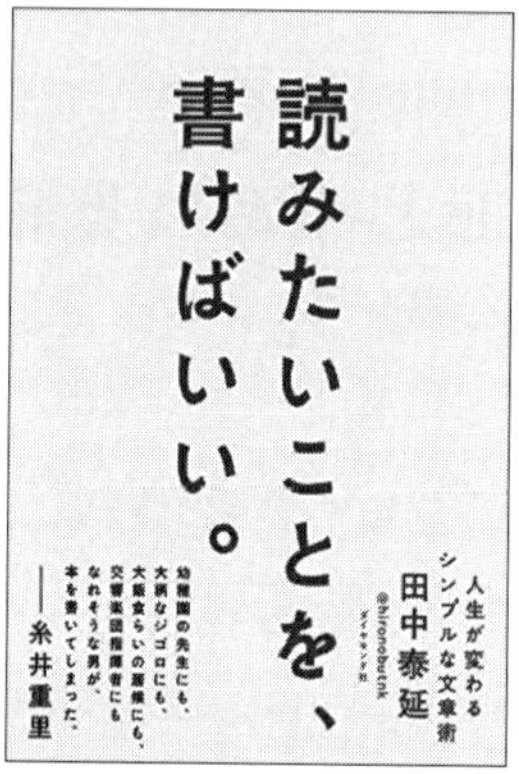

読みたいことを、
書けばいい。
人生が変わるシンプルな文章術
ダイヤモンド社
田中泰延（著）

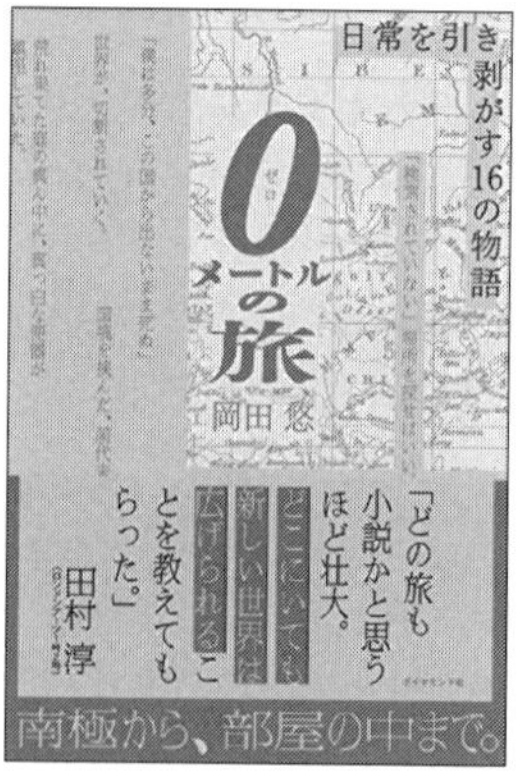

0メートルの旅
日常を引き剥がす16の物語
ダイヤモンド社
岡田悠（著）

2

1個ずつ、相手が
食べ終わったら
渡していく感じ。

竹村俊助
WORDS

竹村俊助
たけむら・しゅんすけ

WORDS代表取締役。経営者の顧問編集者。ダイヤモンド社などを経て2018年に独立。『メモの魔力』（前田裕二著）、『福岡市を経営する』（高島宗一郎著）、『佐藤可士和の打ち合わせ』（佐藤可士和著）など書籍の編集・執筆。著書に『書くのがしんどい』（PHP研究所）。

1個ずつ、相手が食べ終わったら渡していく感じ。

——これまでのご経歴をお聞かせください。

ダイヤモンド社では、『佐藤可士和の打ち合わせ』『アルフレッド・アドラー 人生に革命が起きる100の言葉』『ぼくらの仮説が世界をつくる』『女子高生社長、経営を学ぶ』などさまざまな本を作りました。

前田裕二さんの『メモの魔力』は、独立してから編集兼ライターという立場で携わった本です。独立してからは、自分で書くことも多くなりましたね。

今メインでやっているのは、経営者の「顧問編集者」です。「経営者の思考を適切な言葉、適切なメディアで届ける」のが目的で、経営者の隣に編集者として付いて、コンテンツの制作や発信をお手伝いする仕事です。アウトプットするメディアはインターネットが中心ですが、本づくりと本質は変わらないと思っています。

——フィードバックで普段意識していることはありますか。

「あなた自身や人格に対して言っているんじゃない。あなたがアウトプットした文章に対して言っていることなので、そこはあらかじめ理解してね」。これは先に相手に言うようにしています。「ここがおかしい」「ここが読みにくい」とフィードバックすると、相手は自分が責められていると感じて不快な思いをしたり、場合によってはトラブルになってしまうこともあります。でも、あくまでアウトプットに対して僕はものを言っている。だから、そこはわかってください、とまず相手に伝えるのです。

あと、フィードバックするときは、「あまたいる読者の代表として僕が思ったこと」という立場で伝えることを心がけています。「このタイトルだとクリックしないな」とか、「読み始めたけれど途中でダレて最後まで読めなかったよ」とか。「読者代表である自分」が思っていることは、きっと多くの読者もそう思うはず。ツイートを添削するときも、自分なら読むか、本当に面白いと思うか、リツイートするか、シェアしたくなるかといったことを問いかけます。「逆に、○○さんならこれ読みます?」は、言うと刺さる人が多いですね。

あとは、「この情報をわざわざ5分くらい時間を割いて読む?」と聞くと、「いや、

1個ずつ、相手が食べ終わったら渡していく感じ。

そこまでではないです」みたいなこともよくあります。いったん冷静になって考えてみるとけっこう気づくので、「もうちょっと簡潔にしよう」「前半は思い切って削ろう」といったことが見えてきます。

――竹村さんは社内でもフィードバックをする立場でもありますが、スタッフの方たちとのコミュニケーションで意識していることはありますか。

ポジティブなフィードバックから入ることです。人間って、放っておくと粗探しするなと思って。たぶんこれ、本能だと思うんです、原始時代からの。腐ったものを食べたら死ぬわけだから、匂いを嗅いで「これ変な匂いするね」と違和感に気づくのが人間の本能。放っておくと全部ネガティブなフィードバックになっちゃう。それはしょうがないけれど、社会は人間的な営みだから、あえてポジティブなことを言おうと意識しています。

たとえば、まずできているところを褒める。「この文章良かったよ」「ここは読者も共感してくれると思うよ」。すでにできていることは、みんなスルーしがちだけれど、本来は褒めるべきところだから、そこはちゃんと言うようにしています。

あと、「フィードバック」という呼称も、ちょっとダメ出しっぽく見えるから、社内では「改善提案」と言っています。「またダメ出しされそう」と思うと怖いし、「フィードバックお願いします」って言いづらい。でも、「これは改善提案ですよ」と枠を作っておけば、提出する側も「どう改善すればより面白くなるか」の提案だから受け入れやすいですし。こちらも、何を言っても改善提案になるから言いやすいんです。

――電話や対面で伝える／メールなどのテキストで伝える、どちらが多いでしょうか。

最近はテキストばかりで、メッセンジャーでやりとりすることが多いです。テキストをちょっとずつ分けて出せるのが会話に近い感じがして、コミュニケーションツールとして使いやすい。言いにくいことがあっても、「あのう…」だけ送れば、相手から「え、何ですか？」と返ってきて、「ちょっと言いにくいけど、○○なんです」、「あーなるほど」と会話のようになる。

感情に訴えたいんですよね。感情を編集したいというか。言いたいことはたくさんあるにしろ、1個ずつお団子を渡していく感じ。やっぱり一気に20行くらい来るとウッとなるじゃないですか。一気に渡すと向こうは胸がつかえちゃうので、1個ずつ、相手が食べ終わったなと思ったら渡していく。それに、相手がどう思うかを逆算して、「ここは『いいね』だけでいいや」「ここは長文でいいか」といった計算もしやすい。グループで人を増やしたり減らしたりも簡単にできるし、マンツーマンでも話せるからフォローもしやすい。メッセンジャーは、仕事とプライベートの間くらいのちょうどいいツールだなと、現時点では思っています。

——作り手のアウトプットを、どのような視点で判断しているのですか。

ツイートにしろ、ウェブの記事にしろ、読み手の感情をどう動かすか、読み手にどんな情報を与えるかがいちばん大事。もちろん最低限の文法は必要です。でも、「日

1個ずつ、相手が食べ終わったら渡していく感じ。

本語としてはちょっと破綻しているけれど、なんか伝わる文章」ってあるんです。

一方で、「すごくきれいに書かれているけれど、なんの引っかかりもなくていまいちな文章」もけっこうあって。そこはけっこう高度な改善提案になるんですが、ざらつき感というか、感情のドロドロした感じを求めて、「熱が伝わってこない」という抽象的な言い方をするので、みんな苦労しています。

この間、ある人から「文章とはいえ、コミュニケーションですからね」と言われたんです。これが僕にとって大きな発見でした。特にツイートやウェブ記事の場合は、コンテンツづくりというより、コミュニケーションに近いんですよね。

コンテンツづくりは「いいものを作って完結させる」感じがあります。でも、「あくまでコミュニケーションだよ」となると、相手にとって良いかどうか、相手がどう思うかが基準になる。だから、文章も熱が大事だし、手触り感みたいなものが大事という話かもしれません。たとえば、僕が「経営者の言葉」を扱うときは、経営者が本当に言いたいことと合っているか、経営者のキャラクターや温度感に合っているかをすごく見ています。

——良い／悪いといった判断軸は、どのように定めていますか。

読者にどれくらい感動してもらえるか、面白いと思ってもらえるかが大事。書いている側からすると、唯一無二の大切な文章でも、関係のない人からすれば、比べるものはネットフリックスの映画かもしれません。あまたあるコンテンツの中に、割って入って選ばれなきゃいけない。だから、そこはちゃんと刀を研いで鋭くしておく必要がある。「この文章にそこまでの強度がありますか？」というのは自分にも問うてきたし、著者にフィードバックするときにも言っていました。

読む人が感じる面白さって、たぶん共感か驚きのどちらかなんです。共感ばかり続けば「予定調和すぎて面白くない」ということもあるし、驚きばかりだと「そんなはずないでしょ」とリアリティがなくなる。でも共感もできなくて驚きもないものっていちばんつまらないと思います。なので共感できるようなリアリティがありながら、驚きもあることが理想的。そういうものってちょっとだけ毒があるんですよね。きれいごとばっかりよりは、2％くらいの「毒」があって、本音が漏れていたりする。それが熱であり、手触り感の正体で、共感と驚きがうまくブレンドされていると、すごく面白い文章になると思うんです。

――今のようなフィードバックは、仕事を始めた頃からできていましたか。

いや、この2年くらいです、言語化できたのは。例えば、ビジネス書を作っていて、「あいさつが大切です」「返事はできるだけ早くしましょう」「時間内に仕事を終えましょう」といった話は、どの本にも書いてあったりする。でも、それは共感できる話だから入っていていいんです。ただ、共感ばかりだとつまらないから、たまに裏切るような項目も入れる。そうすると面白くなる。それは何となくわかっていたけれど、2020年に社員が入って、育てるために何とか伝えなきゃと自分でnoteを書き始めて試行錯誤するうちに、やっと言語化できてきました。

「読者代表として僕ならこう思う」と改善提案するのもそう。社外アドバイザーである編集者の柿内芳文さんが、僕が仕事で書いた文章に読者目線でフィードバックしてくれる様子を見てきて、こうすればいいんだとこの数年でわかってきました。

――「返信すること」で失敗したことは何かありますか。

最近だと、スタッフに任せた仕事なのに、なかなか僕が思うような文章にならなくて、「悪いけど最後は俺がやるわ」と引き剥がしてしまったことです。しかも、僕が直して発信したのにバズらないという。スタッフの成長にもならなければ、結果も伴わなかった。それは良くないから、やっぱり最後まで任せるのは大事ですね。「失敗したら責任持つから頑張れ」と。

その上で、僕の中では答えが見えていても、「この2行いらないんじゃない」と言うよりは、「これは誰に何を伝えたいの」「読者の時間を奪ってまで読んでほしい理由は何」といったことを問い続けて、エモーショナルな感じとか、感情を基準にしたクリエイティブに導けたらいいなと。今も試行錯誤している途中です。

SUMMARY

- ☑「あまたいる読者の代表として思ったこと」という立場で伝える。
- ☑ツイートやウェブ記事は、「コンテンツづくり」というより「コミュニケーション」。
- ☑「誰に何を伝えたいか」「読んでほしい理由」を問い続ける。

WORKS

メモの魔力
幻冬舎
前田裕二（著）

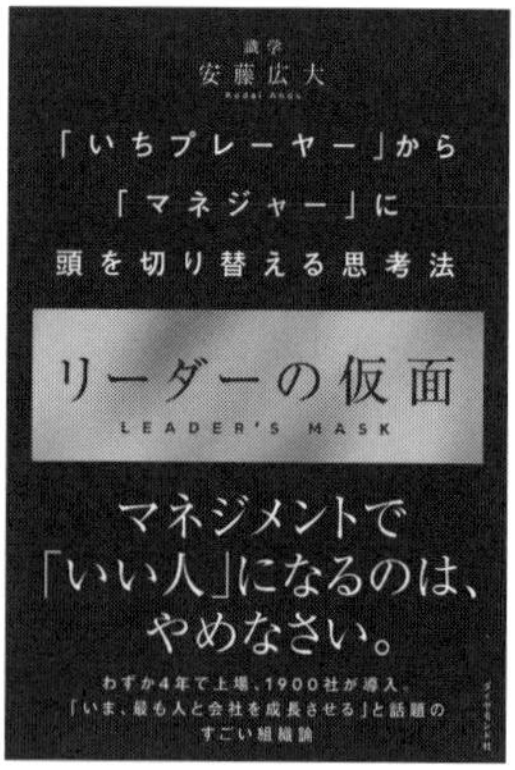

リーダーの仮面
「いちプレーヤー」から
「マネジャー」に
頭を切り替える思考法
ダイヤモンド社
安藤広大（著）

3

できるだけ
「そうだね」「いいね」を
基本にしたい。

片山一行

片山一行《かたやま・いっこう》

1953年生まれ。早稲田大学第二文学部文芸専攻卒。中経出版（現KADOKAWA）入社。現フリーランス編集者。著書として『すごい！聞き方』（ダイヤモンド社）、『職業としての「編集者」』（エイチアンドアイ）、第三詩集『たとえば、海峡の向こう』（創風社出版）、第一句集『凍蝶の石』（ふらんす堂）

――これまでのご経歴をお聞かせください。

中経出版入社6年後に、「かんき出版」に転職しました。中経出版での経験をベースに、「ビジネス書」を担当。その後、『手にとるようにわかるシリーズ』を立ち上げ、『手にとるように経済のことがわかる本』『手にとるようにパソコンのことがわかる本』などのヒットシリーズになりました。

その後かんき出版取締役編集部長を経て独立。すばる舎、フォレスト出版などの「編集顧問」的立場も務めました。

――著者とのコミュニケーションで、言い方やタイミングなど、普段意識していることはありますか。

まず「話を最後まで聞く」こと。もちろん自分の意見ははっきり言いますが、途中で相手の話を取り上げたり、相手の話に無闇に反論しない。まず相手の話を聞くようにすることを意識しています。

それと、相手の話の「翻訳」（言い換え）は避ける。たとえば「あの人、頭のいい人だね」に対して「頭脳がちがいますよね」と言い換えたらどうでしょう。こういう言い換えは、場合によってはイラッとくるもの。「オウム返し」を基本にしたいと思っています。「オウム返し」以外の会話のクッションとして、スポーツ選手などの「そうですね……」はそれなりに意味があると思います。いったん話を受け止めるわけですから。

物事には微妙な意味合いの違いはある。しかし、日常会話で「大差」ない意味合いのことは「そだね！」がいちばん無難。年齢を経て「ひと言多いオヤジ」になったと反省はしていますが、できるだけ「そうだね」「いいね」を基本にしたいと思っています。

日常会話でも編集でも基本は同じだと思います。もちろん、「そうだね」ばかりの会話ではいけませんが。会話の基本は「ＹＥＳ→ＢＵＴ」なのです。

――コロナ禍ではコミュニケーションの手法も変化しました。

近年は圧倒的にメールが増えましたが、なるべく電話を使います。メールだけだとなにより「話し方」が下手になる。文意がうまく伝わらないことも多い。Ｚｏｏｍも肉声は聞こえますが、「声」だけの電話は「話し方」の上達にもつながる気がします。

メールが多くなったことで、混乱することも。最近はそれぞれメールのタイトルをつけず、「ｒｅ」でつなげる人が増えています。「同じプロジェクト」というつながりではこれもいいかもしれませんが、タイトルだけでは、メールの中身に何が書かれているかがよくわからないですよね。

――編集者として、執筆者やデザイナーのクリエイティブをどのような視点で見ていますか。

編集者は、著者やライター、デザイナーと、「イコールパートナー」。どっちが偉いというものではありません。とはいえ、原稿やデザインは、よほどのことでない限り、「一生懸命」つくってくる。しかも相手はプロ。そのことに最大限のリスペクトを払います。

原稿、デザインは「玉稿」だと思います。しかし、そうでない玉稿があることも否定しない。それでも、著者やデザイナーは「仲間」。その意味で私は、著者やデザイナーを「使う」とは絶対に言いません。

ただし編集者は、モノをつくるディレクションをする立場でもある。だから、原稿のイメージ、カバーやレイアウトのイメージは、相手の負担にならないように気遣いながら、きちんと伝えるようにしています。ただ、一生懸命書いていない原稿、デザインは正直言ってあまり本気で見る気がしない。簡単にコピペができる時代だからこそ、書き手、デザイナーも真剣になってほしいと感じています。そしてこちらのイメージと違うものが上がってきたら、対等な立場で話し合う。ここからまったく別のものが生まれることも多いのです。おそらくこれは、私が弱小出版社で育ったせいだと思います。

――相手の性格や心理状態を、どのように判断していますか?

これはもう、ケースバイケース。ただ、とくに編集者の場合、「優しくない」人はあまり評価しません。つまり、どんな原稿にもまずは「いいところがあるはずだ」と接する。悪文でも、「どこかを変えれば良くなるのではないか」と考える。「原稿には優しく」。これが私のモットー。デザインも同様です。

――作品の良い/悪いといった判断軸は、どのように定めていくものですか?

第一の基準は「読者にとってどうか」。かっこいいデザインでも「読みづらい」装幀では、私は選びません。文章はなるべくいじらない。いじったとしても、その著者の「クセ」を活かしたリライトをします。

ただ、ビジネス書の著者の多くは文筆業ではないから、「分かりづらい文章」も少なくない。そういうときは、ばっさりと書き直しますね。今、言ったことと矛盾するようですけど……(笑)。

その本のテーマにもよりますが、「著者は何を言いたいか」も表現するのが編集だと思っています。

――最初の頃は、どのようにお仕事をされていましたか。

第二文学部だから、小さな会社しか就職先は見つかりません。かと言って、出版ぐらいしかできることはないと思って、出版社に片っ端から履歴書を出し、「たまたま」ひっかかったのがビジネス書の、当時従業員10名足らずの弱小出版社でした。

それが中経出版（現ＫＡＤＯＫＡＷＡ）だったということも大きいです。もし「あみもの」の出版社に就職していたら、人生も大きく変わっていたと思います。実はその時点では経済、経営にそれほどこだわりはなかった。

「日経新聞？　何それ？」

という学生生活でしたからね。しかし入社した以上、ここで頑張るしかないと腹をくくりました。『近代中小企業』という、中小企業経営者向け雑誌の編集部が最初の職場。日経新聞、日経産業新聞などは、隅から隅まで読みました。

雑誌編集部時代も書籍編集部に移ってからも、たとえば「税金」の本を編集するとき、ある程度税務に詳しくないと、難解な文章を理解できない。税金の本をつくるときは、税理士並みとまでとはいわなくても、ある程度の税務知識は必要になります。だから、税務などは勉強した。これは「法律」「経済」なども同様です。

ここで活かされたのが、主に文学部で培った「文章力」でしょう。子供の頃から「作文」は大好きでした。私はリライトするとき、「要するに」「たとえば」「そもそも」などで、むずかしい内容をひとまとめにしましたね。これは私の本づくりの特徴でもありました。

数年後、かんき出版で「手にとるようにわかるシリーズ」をつくったときも、この「つくり方」でした。

もちろんリライトするときは細心の注意と敬意を払います。誰だって、自分の文章にダメ出しされるのは気持ちよくはないですから。

今は健康書までもが広い意味でのビジネス書のくくりとなりますが、当時（40年以上前）はビジネス書の草創期。経営実務書をどうやってわかりやすくつくるかばかり考えていました。いまも、「読者は何を求めているか」を最初に考えます。多くの編集者も同じでしょう。

――印象的なエピソードはありますか。

中経出版に入って半年もしない頃……当時は、「負けるもんか」という気持ちがあったと思います。

ある取材先で、同じ愛媛県出身の社長さんにインタビューすることがありました。そして取材が終わる頃、こう言われたんです。

「あのね、片山さん。気持ちは分かるけど、あんたは喋りすぎ。大学出たばかりで、まだ経済や経営のことはわからないのだから、まず、聞く。それにね、自分じゃ分かってないと思うけど、あんたは聞き手のときにいい顔をするんだよ」。

これが私の原点になったかもしれません。

つまり、「相手の話を聞く」ということです。

そしていま、私は編集者としてだけでなく、詩や、俳句（短歌も）もつくっています。まだまだビジネス書の世界で編集者としてやりたいことはありますが、昔からなりたかった「詩人」に……というわけで、自費出版ですけど詩集や句集を出しました。この先、詩や俳句で生活できるとは思いませんが、生きている間は「表現者」としてありたいと思います。

ただ、編集者として「隠居した」気持ちはありませんね。生涯現役のつもりです。

――「編集」という仕事を続けていく上で、大切なことは何でしょう。

むずかしい質問ですね。私の場合、実務書、実用書に限って言うことになると思いますが、劇作家の井上ひさし氏の名言に……

むずかしいことをやさしく
やさしいことをふかく
ふかいことをおもしろく（後略）

というものがあります。本づくりにも共通していますね。編集者は基本的に、読者のことをまず考える。先ほど言ったように、読者が「何を求めているか」を考える。そして著者が何を言いたいかも考え、それをすくい上げる。

両方のバランスを取るのが編集者の仕事です。それと、何の職業でもそうですが、技術以前に「その仕事を好きになる」ことが大事ですね。

そうして出来上がった本が売れれば、読者も著者も喜びます。それが編集者の「やりがい」ではないでしょうか。それはビジネス書以外のノンフィクション、文芸などにも通じると思っています。ただし、「売れた本が、いい本」という考え方はしませんね。

「いい本かどうか」は、また別の次元で考えるものかもしれません。

ともあれ、編集者、ライターとしてやっていく以上は「すべての本は読まれたがっている」という気持ちは持ちたいですね。

SUMMARY

☑ 相手の意見を頭から否定せず、話は最後まで聞く。

☑ 編集者にとって、著者やデザイナーは「仲間」。対等な立場で話し合い、なおかつ、相手の負担にならないように気遣う。

☑ 技術以前に、「その仕事を好きになる」ことを大切にする。

WORKS

ゴチャゴチャの机を
「ビジネスの司令塔」に変える
すごい！整理術
PHP研究所
坂戸健司（著）

職業としての「編集者」
エイチアンドアイ
片山一行（著）

COLUMN 1

クリエイティビティを引き出す「編集力」

安藤昭子

編集工学研究所　専務取締役

出版社で書籍編集や事業開発に従事した後、2010年に編集工学研究所に入所。企業の人材開発から学校のプログラム開発まで、「編集工学」の手法を用いて幅広く支援している。著書に『才能をひらく編集工学』（ディスカヴァー・トゥエンティワン）ほか。

編集者がコミュニケーションのなかで実践する「返信」に焦点を当てた本書。ではそもそも「編集」とはどのようなものなのか。ビジネスに生きる「編集」の考え方について、コンセプト発想の工程にスポットを当て、編集工学研究所の安藤昭子氏が解説する。

※本記事は月刊『宣伝会議』2021年3月号「宣伝担当者が知っておきたいクリエイティブの基本／コンセプト発想の技術」に掲載したものを一部編集しています。

「編集」は様々な分野で求められるスキル

「編集」と聞いて、何を思い浮かべるでしょうか。本や雑誌をつくる編集者の仕事であったり、動画編集や音源編集といった加工作業を想像するかもしれません。編集工学研究所で考える「編集」とは、こうした職業や作業にとどまるものではなく、とても広い意味を持っています。料理もファッションもスポーツも、AIもゲノムも環境問題も、わたしたちを取り囲む世界はすべて「編集」の対象です。「編集力」を身につけることは、仕事上のパフォーマンスだけでなく、いかに気持ちよく生きられるかという人生のクオリティにも大いに関わります。昨今、この広義における「編集」技能や「編集力」という考え方が、さまざまな分野で注目を集めるようになっています。見通しの効きにくい世の中にあって、自ら主体的に情報を編集する力が切実に求められているということでしょう。

ではこうした「編集力」と呼ばれる技能は、わたしたちの活動の何に関わるのでしょうか。それは、情報のインプットからアウトプットまで、思考のすべての工程に関わるものです。ここでは、情報のインプットとアウトプットの間にある、発想力とクリエイティビティのカラクリの一端を見ていきましょう。

インプットの作法──固まったものの見方から脱出する

人はたいていの場合、いま自分に見えている側面から限定的に情報を受け取り、その中でとりあえずの認識をしています。意図せずに誰もが自分の見たいように世界を見ているわけですが、この固定化された視点こそが奥に広がる思考の可能性を不自由にしています。編集力とは、ものごとの見え方や捉え方を自由にしていく力です。慣れ親しんだ思考のクセから抜け出て、新しい景色を自在に手に入れる。その最初の一歩は、インプットされた情報を多面的に捉えることです。情報は常に「地(ground)」と「図(gure)」に分けてみることができます【図1】。「地」は情報の背景にあたるもの、「図」は認識されている情報の図柄。「地」となる情報の上に、「図」となる情報が乗っています。

たとえば、食卓にあるマグカップは、お店にあれば「商品」ですし、台所のシンクにあれば「洗い物」とも言えます。倉庫にあれば「在庫」ですが、ゴミ捨て

安藤昭子

図1 「地」と「図」で情報を多面的にとらえる

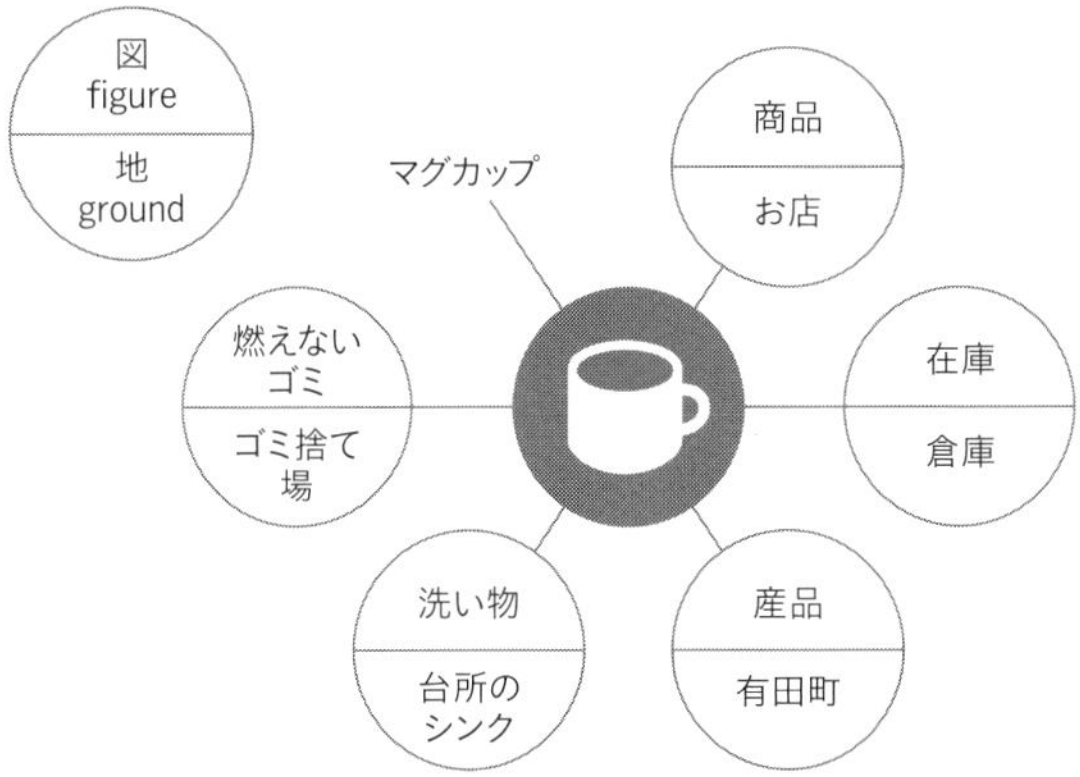

どんな情報も、必ず何かしらの「地」と「図」の「文脈」の上に乗っている。

場を「地」にすると「燃えないゴミ」になります。このように、「地」が変わることで「図」が変わる。言い換えれば、どんな情報も必ず何かしらの「文脈」の上に乗っている、ということです。

この「地」として存在している文脈を見ずに、「図」としての現象だけに囚われていると、視野が固く狭くなっていきます。よく「自分はアタマが固いから」という言葉を耳にしますが、これは限られた「図」に囚われて他の可能性に目が向きにくくなっている、という状態のことでしょう。少しの発想の転換でこうした囚われの状態は脱出することができます。そう考えれば「アタマが固い」というのは、その人が持って生まれた特性などではなく、ある時点から陥っている特殊な状態と言えます。

豊かな発想の源泉は誰の中にもあるものであり、その解放の仕方を獲得することが、発想力を身につける、ということです。まずは、情報にはたくさんの見え方がある、という前提に立つこと。その上で、「地」を意図的に切り替えながら、情報の可能性を引き出していきます。漠然と眺めていても「地」は動きませんから、アタマの中でスクリーンを切り替えるように意図して「地」を変えてみることが必要です。

「～における」「～にとっての」「～から見た」などのように「～」の部分を入れ替えてみるといいでしょう。この習慣を身につけるだけでも、「発想力」が手応えをもって動き始めます。

「似たもの同士」を引き合わせる〝思考の踊り場〟を持つ

そうして情報がたくさんの表情を持ち柔らかくほぐれていくと、さまざまな物事との関連性が見えてきます。一見関係なさそうな物事の間に関連性が見つかる。この「関係の発見」こそが編集力のキモであり、世にいうイノベーションや発想力のエンジンとなっていくものです。

こうした関係の発見を頻繁に起こすためには、「これは何に似てるかな？」と思うことが有効です。情報を多面的に見る習慣と併せて、「似たもの探し」をする習慣を持つことをおすすめします。

「似たもの探し」をするということは、言い換えれば「アナロジー（類推）」の力を発動する、ということです。アナロジーは、以下のような思考のプロセスを通ります。

①何かと何かが「似ている」と思う

②（似ているものの構造を）「借りてくる」
③（借りてきた構造を）「当てはめる」
似ているものを、借りてきて、当てはめる。このステップを繰り返すことで、新しいものの見え方が広がっていきます。いわゆる「発想力が豊か」というのは、必ずしもオリジナルのアイデアを何もないところから生み出すことではありません。すでに存在する情報を取捨選択して新たな関係を見出していく中で、独自の意味や価値を創出していく。「アナロジカル・シンキング」に徹してみるのです。

ロジカル・シンキングが情報の整合性を重視する論理力だとすれば、アナロジカル・シンキングは発想の飛躍を促す推感力です。思考を前に進めていくためにはこの両輪を動かす必要がありますが、特にクリエイティビティにおいては、アナロジカルな思考が不可欠です。

世の中はすでに、大小様々な領域で区切られています。学校の教科、職種・業界、商品の種類、病院の専門、文系と理系、マネジメントとクリエイティブ。あ

図2 思考プロセスのトレーニング

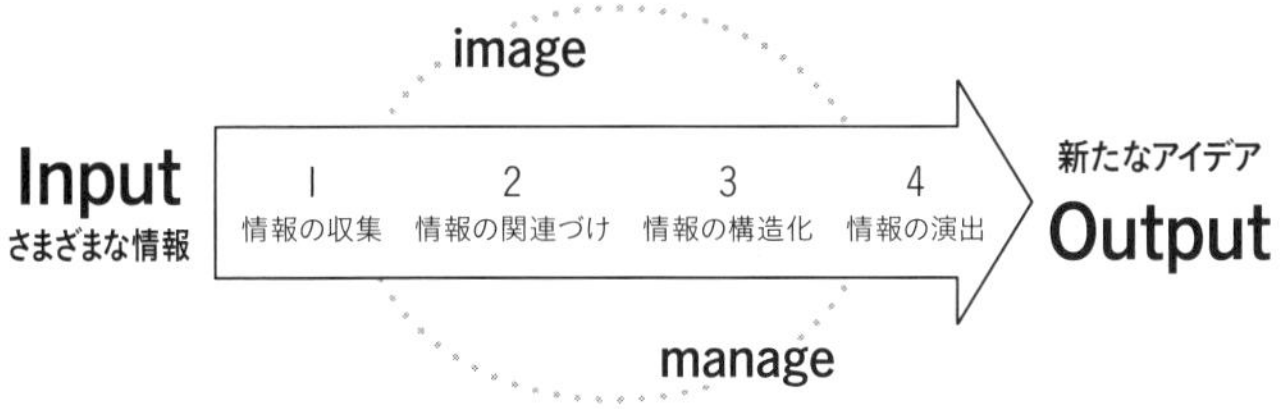

編集工学研究所が運営する「イシス編集学校」（校長：松岡正剛）では、このインプットとアウトプットの間の思考プロセスを充実させる編集の「型」をトレーニングする。

らゆるものが分野やジャンルに分けられていて、専門性が高まる程にタコツボ化していきます。新たな価値の発見や豊かな創造性のためには、この領域を自在にまたいで思考する必要があります。

既存の領域を越えて似たもの探しをしながら思い切った連想を働かせることで、バラバラに存在していた事柄を新たな切り口で束ね直していく。そこに生じる新しい見方や意味こそが、クリエイティビティの兆しであり、それを引き出し膨らませていく力こそが編集力なのです【図2】。

そしてこのアナロジカル・シンキングに強

くなるには、アナロジーが自在に働く「思考の踊り場」のようなイメージ空間を、意識的に持つようにします。

インプットされた情報がさまざまに表情を変え（情報の地と図を動かす）、自在に連想が動き（似たもの探しをする）、さまざまな関係線が結ばれていく（アナロジーを駆動する）ような、イメージをマネージするための場です。

仮説思考でイメージを先導する「アウトプット」

インプットした情報群を新たな意味や価値としてアウトプットする上では、思い切った「仮説」を先行させる必要があります。確かな「既知」をいかに魅力ある「未知」に転換できるか。人の心を動かす力のあるコンセプトは、いい塩梅の「既知」と「未知」を内包しているものです。「ありそうでなかった」「知ってるようで知らない」「わかりそうでわからない」、遠い記憶を思い出させるような上質なモヤモヤ感が、人の好奇心やイマジネーションを触発するのです。「未知」を積極的に取り扱うためには、仮説思考が欠かせません。「仮置き」や「仮止め」の状態を保留させたままで、可能性を可能性のままに引き連れて、ピンと来る方向に思い切って思考の舵を切るのです。

編集工学ではこの仮説先行型の思考方法を「アブダクティブ・アプローチ」と呼び、たいていの仕事はこのアプローチによって斬新に組み立てられます。普遍的なセオリーから結論を導き出す「演繹法」でもなく、複数の事象から傾向を読み取る「帰納法」でもない、第三の推論と言われる「アブダクション（仮説形成）」が、魅力的なアウトプットに向かうプロセスには欠かせません。

情報を多面的に見て、さまざまな物事の間に関係を発見して、「既知」に「未知」を取り込みながら、新たな風景を思い切った仮説として表現していく。このインプットからアウトプットまでのプロセスの全てに、編集力が関与すると考えています。

4

原稿への感想は「魂の等価交換」。

矢野優
新潮社

矢野優

やの・ゆたか

1989年、新潮社に入社。『ゼロサン』編集部、出版部（書籍編集）を経て、2003年より『新潮』編集長。担当書籍に柳美里デビュー作『石に泳ぐ魚』、平野啓一郎デビュー作『日蝕』、東浩紀デビュー作『存在論的、郵便的』など。『新潮』では、大江健三郎『美しいアナベル・リイ』、村上春樹『東京奇譚集』（書き下ろし1篇を除く4篇）などを担当。

――これまでのご経歴をお聞かせください。

1989年に新卒で新潮社に入社しました。最初に配属されたのは当時創刊の準備をしていた『ゼロサン』の編集部。その後出版部での書籍編集を経て、2003年に現在の『新潮』編集長に就任しました。

――著者をはじめ人とのコミュニケーションで普段、意識していることはありますか。

原稿を受け取ると、相手が魂を削って作品を作るために費やした人生を預かったと感じます。その意味で、原稿への感想は「魂の等価交換」だと思っています。伝え方やタイミングはケースバイケースですが、常に作家とのやり取りにおいては少しでも「魂の等価交換」に近づきたいと考えています。

原稿を受け取ったとき、それが生み出されるために作家が捧げたものについて想いをめぐらせます。作家が書き上げた原稿は「情報」ではなく、魂を削って書いた「作品」です。そこにある価値は、文字量や制作にかけられた時間や費用の多寡によって、左右されるものではありません。仮に1000文字でも、3時間で書いたものだとしても、そこには書き手の人生がある。そういう意味では、30年生きた人が3時間かけて書いた作品は30年と3時間をかけて書かれたものだと思います。作家が作品に込めた「魂」にこちらも同じだけのものを乗せて返したい。実際には不可能ですが、気持ちの上では書いていただいたものに対して同じ文字数の感想を返したいくらいの気持ちでいます。

――やり取りはどのような手段で行っていますか。

私自身はテキストで伝える方が自分に向いていると思っています。それにはいくつかの理由があります。まずは作家と文芸編集者をつないでいる作品自体が映像でも音でもなくテキストだから。だからこそ、コミュニケーションのベースもテキストの方がふさわしいということがあります。

次に、作家が書き上げた豊かで複雑な作品への受け取りを表現するためには、構造化されたテキストの方が向いていると考えているから。褒める褒めないといった単純な感想ではなく、ある程度複雑な判断や提案を伝えるためには、雰囲気トークではなくロジカルに伝えたいです。しかもテキストならいくらでも推敲できます。

もうひとつは書いた言葉は相手の元に残るから。話した音声は消えるけれど、書いたものは残る。作家から「あなたが送ってくれた手紙をとっておいて、くじけそうなときに読み直しています」と言われた経験は、文芸編集者なら誰もが一度は経験しているのではないでしょうか。もちろん文字が残ることの怖さもありますが。

最後は、個人的な話でもありますが、吃音であるために話すよりも書く方が伝えやすいということ。私がそもそも話すことに対して困難を感じ続けてきたので、そういう意味ではメールという選択肢によってコミュニケーションの主流が音声からテキストに移り変わったことは私にとって福音でしかありません。

直接会うことの特別さはもちろん本当に大切で、軽視しているわけではありませんが、テキストによって熱意を伝えることは大昔から一度も失われていない。１２０年を超える新潮社の歴史を通じて、手紙などの書いた言葉で作家たちとコミュニケーションを取って出版業を行ってきました。それは電話すらない時代から続けてきたものです。こと出版業においては、テキストで思いを伝えることは当たり前のカルチャーとして存在していると思います。

——作家の創作物を見るとき、どのような視点で見ているのでしょう。

ゼロからイチを生み出したことへの敬意と祝福を前提にしています。オリジナリティのあるテキストは「科学における新発見や難問証明」と同じ価値があると思っています。本当にすごい才能は磨かれたダイヤモンドが道に落ちているようなものなので、それを見つけるための眼力はいらないと思っています。「才能を発掘する秘訣は?」と尋ねられることがありますが、道にピカピカのダイヤモンドが落ちていて気づかない人はいないはずなので、最初に出会うことができた運の問題だと思います。

――創作物の良い／悪いといった判断軸は、どのように定めたらよいのでしょうか。

オリジナルかどうかに尽きると思います。「オリジナルだけど完成度が低い」原稿と「オリジナリティは弱いけど完成度は高い」原稿だと、前者に可能性を感じます。特に純文学の場合はそうあるべきだと思います。とはいえ、完成度を軽視しているわけではありません。創作を建築に例えるなら、設計図は斬新だけど実際には二階の重さで一階が押しつぶされてしまったような作品、階段をつけ忘れて二階に上れないような作品はやはり厳しい。

良し悪しの判断は、当たり前ですが第一印象があり、第二、第三と更新され、最後に判断へとつながります。読み進むときは頭の中にコンピュータが二つ並んでいる感じです。一台は書かれたものを受け取るもの、もうひとつはそれをどう考えるかの判断、評価をするものです。受容や思考の結果が原稿一枚ごとに書き換えられて、読み終えたときの判断の中でも最重要なことが「載せるか載せないか」です。そして、どうすればさらに良くなるかという提案、作家はこの作品で何にチャレンジしたのか、何を発見したのかという私の受け取りを書いて送るのが感想となります。

編集者は作家に説明責任があります。不幸にして載せられないのなら、それはなぜか。書き直しをお願いするのはなぜか、書き手ができるだけ納得できるように説明しないといけない。ただ、すべて最初から理屈で考えているかというとそうではなく、言語化のむずかしいクオリアのようなものは常に最初からあります。まず雷に貫かれたかのような感動を受けることから編集者の仕事のすべてが始まります。

――仕事を始めた頃はどうでしたか？

出版部で書籍編集に配属された頃、既存の作家にはすべて担当者がついていたので、新潮社で付き合いのなかった作家にチャレンジしました。手紙を送るところから始めて、少しずつ関係が生まれ、ついに作品を書いていただけるようになりました。

あるベテラン作家とは原稿を受け取り、感想を伝えるときのルールがありました。1年以上かけて書き下ろされた原稿は郵送でなく、作家が住む地方都市に赴いて直接受け取る。どれだけ作品が長くとも、受け取った翌日には感想を伝える。あるとき、長大な小説が完成し、ホテルで徹夜をして翌日には読み終え、感想を伝えたのですが、東京に戻ってしばらくして作家から電話がありました。「ほんの少しだけ書き直したので、今度はフロッピーディスクで郵送します」とのこと。ところが、修正は「ほんの少し」ということに油断してしまい、多忙を言い訳に1週間ほど連絡できずにいると、不意に電話があり、すぐに原稿を送り返すように言われ、担当をクビになりました。

どれだけ濃密に作家と応答の履歴を積み上げても、大切なところで少しでも誤ると関係が終わる可能性があることを、身をもって知った経験でした。今振り返ると、小器用にデータ比較ソフトを使えば、すべての修正箇所がすぐにわかったはずです。しかし、似たような失敗が再び起きないかというとそれはわからない。作家によっては原稿用紙数千枚の句読点ひとつのことでもおろそかにすると関係がゼロになってしまうことを思い知りました。

――これまでに印象的なエピソードはありますか。

蓮實重彦さんが２０１４年に筑摩書房から『「ボヴァリー夫人」論』を出版されたとき、その序章と第一章を『新潮』で出版前に先行掲載させていただきました。蓮實さんは私が高校生の頃から愛読してきた批評家で、『「ボヴァリー夫人」論』は、蓮實さんが筑摩書房の担当者と「魂の等価交換」を繰り返し、構想40年、執筆に5年の歳月を捧げた８５０ページの作品です。多くの読者が刊行を待ち望んできたものでもあり、そんな作品の先行掲載は、あえて品のない言い方をすれば「ビジネスチャンス」ですが、では私はどうすれば蓮實さんと「魂の等価交換」をできるのか。そこで、とにかく、『「ボヴァリー夫人」論』８５０ページ分のゲラを読ませてもらうよう、筑摩書房の担当者にお願いしました。私は文字数にすれば80万字のゲラを集中して読むために東京を離れ、他の仕事は一切せずに5日かけて読み終え、感想を1万字にまとめて送りました。さすがに80万字の感想文は無理でした。

行為としては原稿を受け取ったら感想を返すというシンプルなものです。それは蓮

矢野優　新潮社

實さんに限らずすべての作家との間で原稿のボリュームにかかわらず同じように行っています。この蓮實さんとのエピソードは、1人の作家が人生をかけてまとめた作品に対して、編集者がどう対応するかを知ってもらう一例になるかもしれません。

SUMMARY

☑ 作家が作品に込めた「魂」に、こちらも同じだけのものを乗せて返すことを意識する。

☑ 複雑なロジックや熱量を伝えるときは、テキストベースのやり取りが大切。

☑ 作家へは、ゼロからイチを生み出したことへの敬意と祝福の気持ちを持つこと。

WORKS

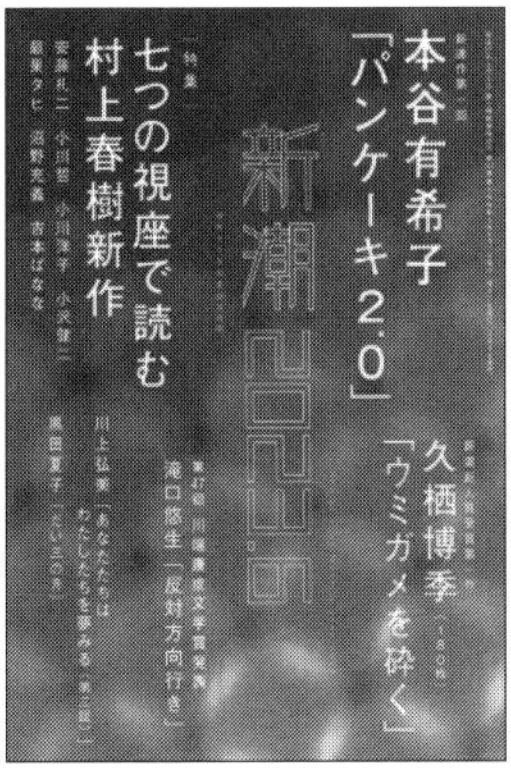

新潮
新潮社

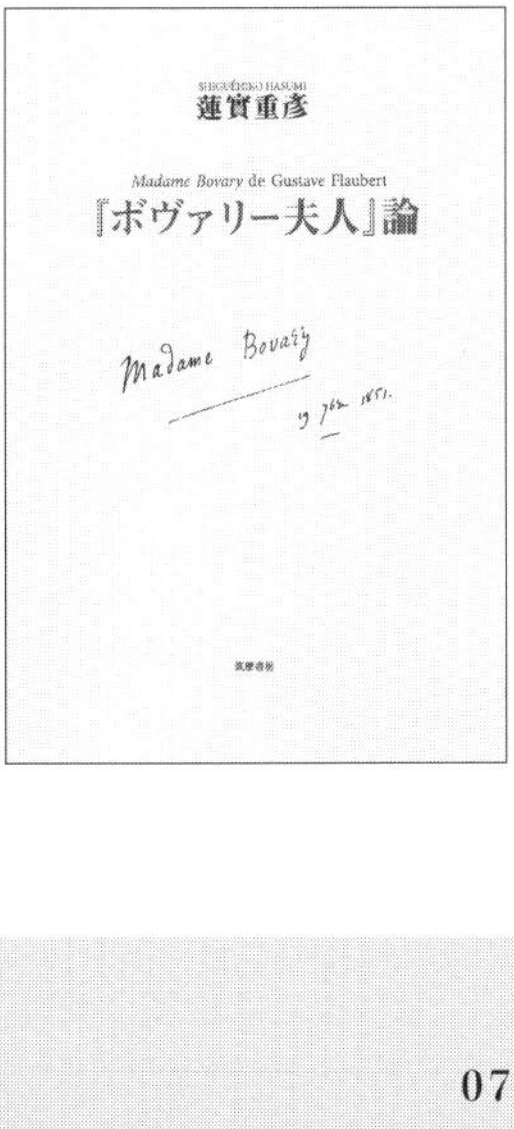

『ボヴァリー夫人』論
筑摩書房
蓮實重彥（著）

※現在品切れ中

原稿への感想は「魂の等価交換」。

5

良いも悪いも
伝える責任がある。
だからこそ、
相手の気持ちを考える。

三木一馬
ストレートエッジ

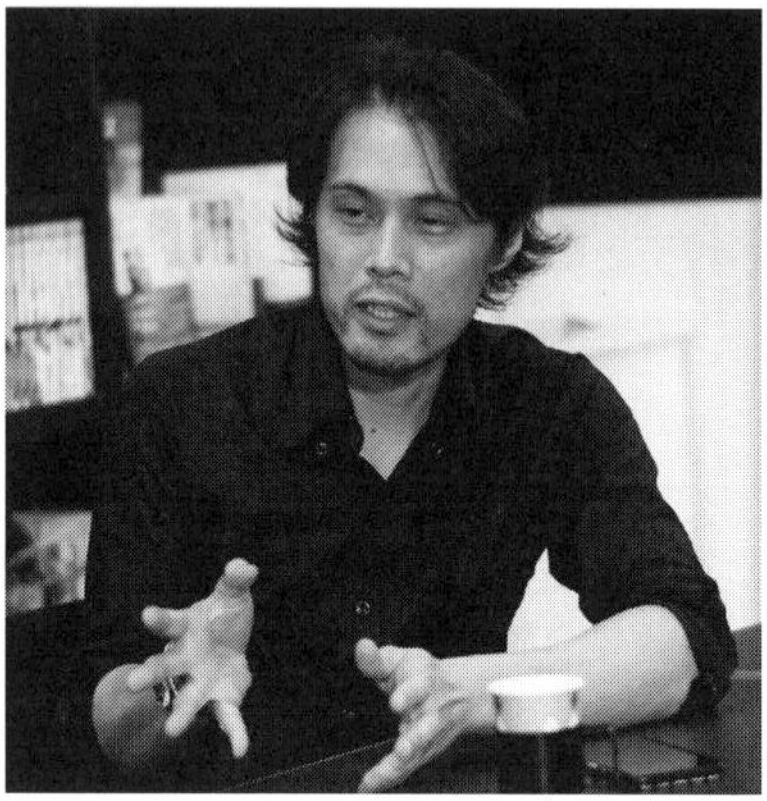

三木一馬《みき・かずま》

　担当した主な作品は、『灼眼のシャナ』『ソードアート・オンライン』『アクセル・ワールド』『魔法科高校の劣等生』『とある魔術の禁書目録』『嘘つきみーくんと壊れたまーちゃん』『俺の妹がこんなに可愛いわけがない』（すべて電撃文庫刊）ほか多数。担当書籍の累計発行部数は8,000万部を突破。売上高は300億円を超える。

――これまでのご経歴をお聞かせください。

２０００年メディアワークスに入社。２００１年に電撃文庫編集部に配属されて以降、ずっとライトノベルの編集者をしています。最終的には電撃文庫編集部の編集長を任されていましたが、２０１６年に独立して、株式会社ストレートエッジを立ち上げました。

独立したのは、会社に不満があったわけではないんです。電撃文庫編集部にいたときも、担当作品を原作に、アニメやゲームのプロデューサーをしたり、他社でコミカライズしたりとかなり自由にやらせてもらっていました。それでも、もっと作家さんや作品に寄り添って、もっと作品を広げていきたい、と思うようになり、会社の枠から飛び出すことに決めました。

今は、電撃文庫編集部時代からの人気作の展開などライトノベルを中心に編集を続けているほか、新規事業としては株式会社ＨｙｋｅＣｏｍｉｃさんとウェブトゥーンのレーベル「Ｈ×ＳＴＯＯＮ（ヘクストゥーン）」を立ち上げました。

――作家とのコミュニケーションにおいて意識することは何ですか。

初歩中の初歩ですが、「相手の気持ちを考える」ことです。相手がどんな思いでこのメールやメッセージを打ったのか、どんな返信を求めているのかを理解できれば、それがすべてだと思うんですよね。たとえば、相手はすぐに返事が欲しいのか、それとも、あえて吟味する時間を取ってもいいと考えているのか。それから、どんな内容の返事が欲しいのかとか、どんな書き方が良いのかとか。相手のメールを読んで、相手の気持ちを考えれば、返信においてミスをすることはないと思います。

――相手が求めていることに応えられなさそうなときは、どうされていますか。

僕が担当させていただいているのは小説家さんが多いのですが、相手が急いで返信を求める理由のひとつは、不安です。「届いたかな?」とか、「送った作品がつまらなかったのかな?」とか。だから、まずは「届きました。お疲れさまでした」とすぐに返す。

これは、たった3秒でできます。辞書登録していれば1秒です。それだけでも、相手は安心できますよね。内容について触れた方が良い場合なら、タイトルと冒頭だけ読んで「最初だけ読みましたけど、すごく良かったです。これから続き読みます」とひと言添えることもできます。作品をじっくり読みこむのは、ひと言返信を送ったあとでもいいじゃないですか。作家さんたちは、自分の命を削って作り上げた作品を送ってくれています。それに対して「無反応」っていうのは、一番残酷なことなんですよ。そんなことを平気でしちゃう編集者は信頼できません。自分が逆の立場だったら、「こいつとの仕事はしなくていいや」と思います。相手の気持ちを考えることを基本にしていれば、自ずとこうした対応になるかなと思います。

――ライトノベルの編集者以外の立場にあるときはいかがですか。

ウェブトゥーンなどのチームで仕事をするときには、舵を取る人間がブレないことが一番大切ですね。舵を取る人間がブレると、方向性が定まらず全員が困ってしまいます。この場合はキャリアよりも、信頼のおける立ち振る舞いをできるかどうかが大切です。自分がガイドラインである自覚をもって、問題が起きたら率先して動くし、責任を取るようにしています。

監修の場合は、作品を守るため、シビアなチェックを心がけています。監修作品を作るのは、作家さん以外の人です。つまり、僕がしっかり世界観やクオリティをチェックして、指摘しなければ、その作品のせいで原作本にネガティブな印象をもたれてしまう恐れがあります。監修作品で最終的な責任を持てるのは、監修者の僕なんです。

——やり取りは、メールが多いのでしょうか。

いいえ、僕が今一番使っているのはメッセージアプリですね。ＬＩＮＥとかＣｈａｔｗｏｒｋとかＳｌａｃｋとか。なぜかというと、前口上がいらないじゃないですか。メールの場合は、「○○様　いつもお世話になっております。うんぬんかんぬん……」と書く必要があって、あれって作家さんにとっても負担なんです。特に、返信が「イエス・ノー」だけだったり、ちょっとした質問をしたかったり、そういった、小さなやり取りをしたいときに負担になる。メールってすごく不便で、無駄なエネルギーを奪われます。そこを省略できるのが、メッセージアプリの良いところですね。

コロナ禍で実際に顔を合わせにくくなったことは、大きな変化だと思います。基本的には、まず初めに対面でお会いして、作家さんからの信用を得るためのお見合いのような場を設けるのが大切です。しかし、今はオンラインでの打ち合わせが主流になりましたから、僕の得意とする、その空間ごと説得するようなプレゼンができなくなりましたね。やっぱり、相手の懐に入るには、その場の空気感は大切なので。

ただ、対面でのコミュニケーションができないのは、僕よりも、これからキャリアを積んでいく人たちの方が大変だと思います。僕の場合は、これまでにしっかりとキャリアを積んできているので、僕の名前を調べてもらえればウィキペディアも出てくるし、作家さんを口説くための、ある種の下地ができている。だけど、これから頑張っていきたい編集者が、Ｚｏｏｍなどの非対面コミュニケーションで作家を口説くとなると、なかなかむずかしいですよね。本当なら、実際に会って暑苦しくプレゼンをすることで、「こういう奴って、悪くないよな」って思ってもらえることもある。でも、そういうポジティブな暑苦しさは、Ｚｏｏｍでは伝わらないんです。

――作家の作品をどのような視点で見ていますか。

売れるかどうか。それだけです。

ラノベは、「面白い」だけじゃ売れません。もちろん、プロが書く作品は、どれも面白さがいっぱいに詰まっている。だけど、読者がそれを読んで面白いと思うかどうかは、その人の好みによるんです。だから、僕たちができるのは、その作品を面白いと思ってくれる人、そういう人が潜在的にいそうな市場に、ちゃんと届けること。それによって、売れる・売れないが決まるんですよね。だから、僕が言う「売れるかどうか」は、この作品は、誰に、どう届ければいいのかということです。

たとえば、帯に書く文言ひとつとっても、いろいろと考えることがあります。この作品の面白さの中で、アピールするべきポイントは何なのか。そして、それを読みたい人たちは誰なのか。それから、その人たちにアピールするにはどうしたらいいのか。作品を読むときには、その作品の面白さを見つけて、それを届けるべき人に届ける方法を考えています。

――作品の面白いところを見つけるときの判断軸は、どのように定めているのでしょう。

僕の場合は、作家さんの個性ですね。みんなに広めたいと思える個性。作品のキャラクターなのか、言葉の使い方なのか、物語の展開なのか。それは人によって違いますが、「この作家って、どうしてこんなに他の人と違うんだろう」っていうところを大切にしたいです。

なぜなら、その物語を面白くしたり、話をうまくまとめて一冊にしたりっていうことは、編集者がいくらでも手助けできるんですよ。だけど、その作家の個性を、編集者がつくることはできない。編集者の仕事って、唯一無二の作家の個性を、化石の発掘みたいに、掘り起こして、周りの土をどけて見栄えを良くして、世に出してあげることだと思っています。

——その個性が作品内で埋もれてしまっているときは、どう伝えたらよいでしょうか。

「この部分、打ち合わせでめちゃめちゃいいと思ったんですが、今のままだと誰にも伝わらないですよね。だからもっとこうしませんか」と、作家のやりたいことは残すけど、演出を強化する提案をします。たとえば、とある登場人物の魅力をもっと伝えたいなら、もっと前段階でピンチにさせませんかとか、キメのシーンはもっと半ページは使いましょうとか、そういった細かい演技指導のような感じです。

——作家と意見が食い違ったときはどうされますか？

僕はどんなに言いづらいことでも、言います。それが作家さんのためなので。もちろん、言い方には気を付けますよ。ポイントは相手のテンションを下げないようにすることです。

仮に、意味不明で、超つまんない原稿が上がってきたとしたら、「魅力が引き出せてないですけど、大丈夫ですか」「ここってどういうことなんですか？」って尋ねてみます。そうすると、作家さんはちゃんと説明してくれるんですよね。だから、「今説明してもらったこと、表現されてないですよ！　もったいないです！」と話をすると、作家さんもポジティブにこちらの話を聞いてくれます。自分の書きたいことを100％完璧に書けたと思っている作家さんなんていないですしね。

——相手の心理状況は、どのように把握し、どう連絡をとっていますか。

相手の気持ちって、付き合いが長いとテキストの内容じゃなくて、行間でわかったりするじゃないですか。「怒ってないですよ」って書いてあるけど、100％怒ってるとか。そういった察知能力も大事ですね。作家さんの気持ちが良くない状態にあることがわかったら、次の返信はめちゃくちゃ丁寧に書きます。

その一方で、僕とのやり取りなど関係なしに、作家さんが執筆にやる気をなくしているときは……、どうしようもないのであえて放っておきます。「映画でも観に行って感想を教えてください！」という感じで気分転換してもらいます。

――仕事を始めた最初の頃は、いかがでしたか？

僕はけっこう、最初からズバズバと言わせていただいていました。そこでありがたかったのは、みんなが聞く耳を持っていてくれたことですね。担当したラノベを原作にしたアニメのプロジェクトにも携わらせてもらうなど、自分の立場の重要性を実感させてもらう場面も多くありました。そこで改めて、年齢は関係なく、しっかり発言しなくてはという責任感も生まれたと思います。

――この仕事が成功したのはコミュニケーションのおかげ、という経験はありますか？

アニメなどを制作するにはチームプレイが必要なんですけど、やっぱり衝突が起きるんですよね。そのときに、自分はマウンドに上がらず、観客席で野次を飛ばすようなポジションで原作者が発言してしまうと、よくないんです。そこで当事者になってもらう、「ちゃんとマウンドに上がってください」と、丁寧に伝えるのが僕の仕事です。その結果、作家さんもチームの一員として、コミュニケーションが取れて、シナリオのうまい落としどころが作れたり、良いアニメになったりという経験があります。

――ほかに、「返信すること」にまつわる、印象的なエピソードがあれば教えてください。

とあるプロデューサーと仕事をしたときに、感動したことがあって。アニメの仕事って30人くらいでメーリングリストを作るので、メールが来ても「これは、誰宛なんだろう？」とか、「自分と反対の意見の人がいたら恥ずかしい」とかで、誰も返信をしない状態が起きがちなんです。だけど、彼はどのメールにも必ず一番に返事をする。それがどうでもいい内容だったとしても。むちゃくちゃ売れっ子で忙しい人なんですけどね。僕はそれを見て驚くと同時に、身が引き締まりましたね。「あ、俺、今サボってたな」って。

ちゃんと返事をしてくれると、一緒に仕事をしていて気持ちがいいし、うれしい。だから、彼はクリエイターに好かれているんです。「相手の気持ちを考える」という基本を大切にしていかなくちゃいけないなと、改めて思いました。

SUMMARY

- ☑ 相手がどんな思いでこのメールやメッセージを打ったのか、どんな返信を求めているのかを理解する。

- ☑ やり取りの空気を敏感に察知して、返信のトーンを考慮する。

- ☑ 相手に対して「無反応」なのは、一番残酷なこと。小さなやり取りができる、メッセージアプリの活用も便利。

WORKS

転生したらSSS級
ゴブリンになりました
HykeComic
三木一馬（ＯＯＳ）（原作・脚本）
／佐藤奈々美（作画）

面白ければなんでもあり
発行累計6000万部
——とある編集の仕事目録
KADOKAWA
三木一馬（著）

※電子書籍のみ

6

相手が迷う
ポイントがないように。

ひらりさ

ひらりさ

1989年、東京生まれ。編集者、文筆家。女性についての様々なエッセイ、インタビュー、レビューを執筆する。単著に『それでも女をやっていく』（ワニブックス）、『沼で溺れてみたけれど』（講談社）。平成元年生まれのオタク女子ユニット「劇団雌猫」にも参加。編著書に、『だから私はメイクする』（柏書房）、『世界が広がる推し活韓国語』（Gakken）など。

――これまでのご経歴をお聞かせください。

常に兼業編集・ライターという感じです。2021年の夏までは会社勤めをしていましたが、退職しました。今はイギリスの大学院に在籍しながら、個人名義のエッセイ・インタビュー執筆を中心に活動しています（2021年末時点の情報。現在は帰国済み）。

新卒で入った会社では、ウェブメディアの編集として10人くらいの著者さんを同時に担当していました。メディアを立ち上げたり、企画を出して連載を実現したり。肩書きは編集者でしたが、対談の構成やライティングを手がけることもありました。

そのあとソーシャルゲームの会社に転職しました。メディアには携わらなくなりましたが、ディレクターとして進行管理をしたり、イラストを発注したり、宣伝のためのツイッター運用や、ニコニコ生放送のための台本を書いたりもしていたので、ウェブメディア編集者時代と重なる部分も大きかったです。このときに副業として個人で編集・ライターの仕事と、「劇団雌猫」での活動がスタートしました。

相手が迷うポイントがないように。

3社目ではニュースアプリに関する交渉の仕事をしながら、引き続き副業で「劇団雌猫」書籍の企画編集を行いました。ここに個人でのライター業も含めて、三足のわらじを履いていていました。

――編集とライター、さまざまな立場で仕事をする中、コミュニケーションで意識してきたことはありますか。

実は、小学生のときから「人の話を聞かない」と言われ続けてきました（笑）。即レスは得意なんですが、反射で返すと細部を取りこぼしてしまう。たとえば、3つのことを聞かれたのに、答えがひとつ抜けていたり、相手が本当に聞きたいことに答えられていなかったり。だからとにかく相手の話をよく聞くこと、メールやメッセージもよく読むことを心がけています。特に仕事の場合は。いつもの100倍くらい注意して聞き役に徹して、相手から何か受け取ることに全神経を集中させます。相手の気持ちを考えるという意味でも、単に聞かれたことに答えればいいのかという意味でも。

ひらりさ

――特に編集者という立場ではどうでしょう。

できるだけ相手が返答に迷うポイントがないよう気を付けています。たとえば執筆を依頼するとき、原稿料や文字数、形式など、相手が何を求められているのか具体的にイメージできるよう、すべての要素をメールに盛り込みます。相手がやる、やらないをできるだけ判断しやすいように、またあとで言った言わないのトラブルを避けるためにも、言葉でイメージを詰められるものは最初にできるだけ詰めておく。その上で、相手が依頼に対して前向きな姿勢で、企画を掘り下げて進められそうな場合には、打ち合わせなりより負荷の高い仕事をお願いする。これは、AかBかわからなくて時間を使う、といったことで相手の時間を無駄にしないためです。目的もわからず、「とりあえず打ち合わせしましょう」というのが私は嫌なのですが、要するに、わからないものに時間を使いたくないんです。

――言い方やタイミングで意識していることはありますか。

相手から何かボールを受け取ったとき、一番大事なのは、できる限り「受け取りました」と返事をすることだと思っています。ライターの立場で仕事をしていると、出した原稿に対して返事がまったくない人や、何か作業をして1週間くらい経ってメールを返す人もいます。でもそれだと、ボールを投げた側は、次にいつ自分の作業が発生するかわからなくて、スケジュール管理に悩みますよね。すぐ返事が来ると思って作業する時間を空けているかもしれませんし。そもそも、相手の返事を待つ時間というのはストレスであるはず。だからまずはお礼を言うとか、いつまでに戻しますとか、すぐに返すことは大事にしています。

あと私の場合、やり取りをメールに集約するよう心がけています。たとえば仕事の依頼をする前、知人友人に内諾をもらうときは、メッセンジャーやツイッターのDM、LINEでやり取りすることも。でもその後は、基本メールにします。メールだとログが追いやすいし、その方がお互いトラブルになりにくいかなと。相手から細かい条

ひらりさ

件など含めた依頼がメッセンジャーで来たときも、受けられそうなら、同じ内容をメールにも送ってもらってから、メールでやり取りしています。

Ｚｏｏｍなどが普及して、打ち合わせはコロナ禍になってからの方が楽にできるようになりました。でも、オンラインでの打ち合わせの際も、文字に残しておくべきことは残しておく。仕事のやり取りが、基本的にメールというのは変わりません。

――編集者として、著者の創作物をどのような視点で見ていますか。

著者には、その人ならではの視点だからこそ書けるものを書いていただきます。だからこそ、第三者の違う視点を加えるというか、その人が考え切れていない領域がないか精査するようにしています。

あと、その記事がどれくらいの読者にどのように届くかは、最終的に編集の責任だと思っています。どんなにいい文章でも、化粧の仕方によっては読者や書き手が傷つくこともある。こう書くと読者を傷つけるんじゃないか、書き手が傷つくんじゃないかといった視点は、いくら考えても考えつくすことはありません。だからこそ、書き手と違った人間の視点でチェックすることが大事だし、わからないことや判断に迷うことがあったら、遠慮したり自分で勝手に解釈したりせず、著者に質問することも大事にしています。私がわからないと思ったことは、読者にとってもわからない可能性があるので、わからない部分をきちんとなくす。これをサボらないようにしています。

体験などを綴るエッセーの場合、著者が乗り気で、読者が楽しく読める内容であっても、ネットでの最近の反応を考えると、本当に書いてしまっていいのか、著者はあとで後悔しないか、と引っかかることがあります。そういうとき少しでも気になったら、メールか、込み入ったニュアンスになりそうなときは、電話でお話しするようにしています。

また、ウェブか紙か、同人誌か商業誌か、匿名か顕名かによって、記事の届く範囲や届き方はまるで違います。しかも今の時代、書き手も自分で発信できるチャンネルはいろいろとある。だからこそ、商業媒体で載せる意味があるのか、多くの人に届け

ひらりさ

たいことは何なのか、といったこともよく話し合います。その上で、著者が乗り気であっても、今回載せるのはやめておきましょうとなる場合もあります。

――創作物の良い／悪いといった判断軸は、どのように定めているのでしょうか。

前提として、いろいろな人に共感されるものである必要はないと考えています。個人的には、「こういうのがウケるんでしょ」という意識で作られたものはあまり好きじゃない。読者をなめていないコンテンツがいいですね。

その上で、その人にしか書けない内容になっているか、その人が書きたいことを書けているか、おもしろい部分がサラッとしすぎていないか、不要に人を煽っていないか、読者へのサービスで内容を誇張していないか、センセーショナルすぎないか…。軸はいろいろある気がします。

むずかしいのは、どれくらいの範囲の人に届くのが記事として幸せかということ。もちろん一定量は読まれたいけれど、たとえばツイッターのガイド枠やニュースアプりに載って、媒体の文脈が伝わらない人にまで届いてしまうと、すごく意地悪に読まれて、書き手が傷つくコメントが付くことも。紙の雑誌は文脈が共有されている人に伝わるので安全ですが、ウェブ転載されると燃えているのも見かけますね。燃えて仕方ない内容のものも当然あるので、文脈を外れた人が読んでも問題ないか、念入りに編集するしかないですが。

誰かを傷つけることにならないか。この軸は100パーセント気を付けているつもりでも、結果的にどれくらいの範囲の人に届くのかコントロールがしづらくなっているだけに、いつもすごく悩みます。

――伝えるべきことを伝え、提案していくコミュニケーションには、何が必要でしょうか。

相手に何か書いてもらうということは、相手に何かを開示してもらうことです。だからこそ、それに足る信頼というか、相手を裏切らない人間だということが、きちん

ひらりさ

と相手に伝わる努力は必要だと思います。編集者がいくら「私が責任を取ります」と言っても、記事が世の中に出たとき、すべての反応は書き手に対して返ってくるもの。編集者は、危険なことをお願いしているんだという自覚や覚悟、誠実さを持ちあわせていないといけないし、それが相手にも伝わっている必要があります。

あと仕事である以上、ビジネスマナーはやっぱり重要。即レスも、相手の時間をムダにしないこともそう。情緒的というより、システム的な話です。その上で、ソフトなコミュニケーションが乗ってくることが大事かなと。「自分のやり方が正解」ではなく、「いろいろなやり方があると思うので、もし疑問があったら聞いてください」と、お互い率直に言い合える関係性を築いておくことも必要だと思います。

――仕事を始めた最初の頃も、そうしたやり取りはできましたか?

いいえ、仕事で関わる人からいろいろ教えていただきながら今に至ります。特に相手の時間をムダにしないことや、タスクを都度きちんと確認することなど、ビジネスサイドの思考は、自分がフリーランスの立場で仕事を受けているだけでは意識が及ばなかったことだと思います。

——たとえば、ご自身の著書であるインタビューエッセイ集『沼で溺れてみたけれど』は、ひらりささんならではのコミュニケーションがあったからこその書籍だと思います。

私自身が、飲み会ではわーっとしゃべって相手に自己開示をするタイプなので(笑)、いろいろと教えてもらえるキャラクターではあると思います。ただ、本にはいろいろな方の、人にはなかなか言いづらい話が載っていますが、飲み会で1回聞いただけの話を、「このエピソードは面白い、イケる」という思いでインタビューしたわけではありません。どの方に対してもそうですけれど、話にひも付いたその方の人格や生活にまで興味があるからこそ、話を聞かせてもらいたい、紹介したいという流れがあります。そういう意味では、基本的に好きな人としか仕事はしない。好きになれ相手が迷うポイントがないように。

ない人にはインタビューや原稿は依頼しない。これも大事にしています。

SUMMARY

☑ 相手が迷わないように、言葉で伝えられることは最初にできるだけ詰めておく。

☑ やり取りは最終的にはメールに集約して、文字にして残す。

☑ ビジネスマナーの上に、ソフトなコミュニケーションが成り立つことを意識する。

WORKS

それでも女をやっていく
ワニブックス
ひらりさ（著）

世界が広がる
推し活韓国語
Gakken
柳志英・南嘉英（著）、
幡野泉＆劇団雌猫（監修）

COLUMN 2

メディアとしての、聴く姿勢

伊藤あかり

「かがみよかがみ」編集長
2009年朝日新聞社入社、2014年に紙面編集者に。2016年に若手記者を集めた紙面特集「ココハツ」の大阪チームを立ち上げる。2018年ミレニアル女性向けメディア「telling,」開設に編集者・ライターとしてかかわる。2019年から現職。2023年現在、「かがみよかがみ」事業移管に伴いサムライト株式会社に出向中。

「私のコンプレックスを、私のアドバンテージにする」をコンセプトにした朝日新聞社のWebメディア「かがみよかがみ」（2022年4月よりサムライトに事業移管）は、18歳から29歳の女性が書き手となるメディアだ。書き手であり、読者である彼女たちに向き合って見えてきたものは何か。編集長の伊藤あかり氏に、その想いと、メディアが持つ役割について聞いた。

※本記事は月刊『宣伝会議』2021年6月号巻頭特集「新・メディアの教科書」に掲載したものを一部編集しています。

心からの想いを話せるような場所をつくりたい

私は2009年に新卒で朝日新聞社に入社。5年間の記者経験の後、2014年に大阪本社の紙面編集を担当する部署に配属になりました。それでも「記事

伊藤あかり

を書いていたい」という思いが強く、社内兼業のような形でWebメディアの「withnews」で執筆を続けていたところ、「ガングロギャルと新聞社、絶滅危惧種同士の作戦会議」という記事が多くの人の目にとまることに。東京で本格的にWebメディアに携わることになりました。

ちょうどその頃、当社では専門ジャンルに特化したバーティカルメディアのプラットフォームがスタート。その中のひとつであるミレニアル女性向け「telling,」の立ち上げを経て、2019年、32歳で「かがみよかがみ」の編集長に就任しました。

私は朝日新聞がアプローチできていない、Z世代に向けたメディアをつくりたいと考えていて、そのアイデアには社からの期待も感じました。

Z世代が求めるメディアとはどのようなものなのかを徹底的に考え、見えてきたのは、個人の想いを伝える場としてのメディアでした。これは新聞とは全く異なる特性を持つものです。

私が新聞というメディアに関わるなかで疑問を抱いていたのは、「こういうコメントが欲しい」と結論ありきで、記者が取材をしてしまう場面があるのではないかということ。

たとえば、ある法改正について街頭インタビューで賛否の声を聞く取材をするとします。街の声が、賛成が圧倒的多数だったとしても、両論併記の観点から、反対コメントを取れるまで帰れない。また、〝記者が話を聞く〟という時点で、「こういう答えが求められているのかも」と相手の回答にはフィルターがかかってしまい、真の意味で人の考えを伝えきれていたかというと疑問が残ります。

誰かに聞かれたから答えるのではなく、自分の胸の内からあふれ出すような伝えたいことって何だろう。そう考えた時に、そんな心からの想いを話せるような場所をつくりたいと思ったんです。

新聞は情報伝達の役割を担うマスメディアなので、「全体の声」を多数の人々に伝える必要があるでしょう。しかしZ世代は個々の多様性を重視する傾向があります。そこで「かがみよかがみ」では、一人ひとりの声を集めて世の中を動かすムーブメントをつくっていきたいと考えたのです。

ただし、新聞でもＷｅｂサイトでも、世の中を良くしていきたい、ジャーナリズムを大事にしたい、困っている人を助けたいという根底にある思いは同じ。その目的をどのように達成するかのアプローチが違うだけで、優劣はないと思います。

「書いてくれてありがとう」から始める

「かがみよかがみ」は「私のコンプレックスを、私のアドバンテージにする」をコンセプトにしたＷｅｂメディア。エッセイやインタビュー、コラムを掲載しています。エッセイの書き手となるのは、18歳から29歳の女性。そのほとんどが、まとまった文章を書いたことがない人たちです。それでも、月に1000本前後の投稿があります。

編集者に伝えているのは、書き手とのコミュニケーションは常に「書いてくれてありがとう」から始めようということ。最初の読者である編集者が温かく受け止めて、世の中に広めていく。それが「かがみよかがみ」の基本的な姿勢です。

もちろん、新聞社発のメディアなので、誹謗中傷や事実確認のできない部分はカットするなどクオリティコントロールを行っています。そうしたプロセスは経ますが、大元にあるのは、等身大の女性たちの言葉をありのままに伝えたいという想い。しかもその多くは、誰かに話したことすらない、心の底から生まれたメッセージです。

モヤモヤとした気持ちは誰もが抱えている。「私が書いたかと思った」という声も届いており、ユーザーアンケートでは8割が「媒体に共感する」と答えています。

投稿されるテーマで多いのは、「見た目」のことや、「らしさ」を押し付けられることによる生きづらさ。そのため周囲からは「フェミニズム系のサイトなんだね」と言われることも多々あります。ただ、フェミニズムやジェンダーを論じるためのサイトをつくろうと始めたわけではないんですよね。伝えているのはただ、「コンプレックスがテーマ」ということのみ。あくまでも投稿者の発する言葉によって、サイトの性格が形づくられていると感じています。

Z世代である彼女たちと接していて感じるのは、ひとりではどうにもできない課題があることはわかっているけれど、決してそこに絶望をするわけではなく、誰かが声をあげることで社会を変えられるかもしれないという期待を持っていること。SNS上で性被害を告発する「#MeToo」や、ハイヒールの強制着用に抗議する「#KuToo」の流れを、実感を伴って見ている世代なのです。

私は彼女たちよりも少し上の世代なのですが、容姿にコンプレックスを抱いていた場合、あくまで個人の問題だと考えてしまいます。でも彼女たちの場合は、「そもそも容姿で判断するような社会が悪い、どうしたら変えられるか」と考えるんです。

彼女たちの声を受けて、サイトのコンセプトも「私は変わらない、社会を変える」を新たに前面に打ち出しました。サイトには、アイドルや芸人の執筆したコラムも掲載しています。たとえばＡＫＢ48の峯岸みなみさんの連載では、新型コロナでグループからの卒業が延期されてしまったなかで、14年間のアイドル生活を振り返ります。そこに書かれているのは、家事ができないこと、禁酒をして考えたこと。これらは他人からのインタビューでは引き出すことができないものです。メディアが勝手に作ったのではない、自分自身と向き合って紡がれた言葉だからこそ、共感が集まっているのだと思います。

読者と一緒になって考える場所を提供する

読者でもあり書き手でもある彼女たちが求めているのは「こういうのが欲しいんでしょう?」という押し付けではなくて、すぐ隣にいる子たちの悲痛な声や、そこから立ち上がっていった希望の声なんです。

Webで発信する以上あらゆる層の人々に届くので、もちろん反対意見もあると思います。私自身編集長としてこうしたテーマに向き合っていても、編集部を一歩外に出れば、社内のどの会議に出ても〝最年少〟の〝女性〟。ままならないことはまだまだたくさんあります。それでも、個々のSNSでの発信が可能な時代に、新聞社を母体としてこうしたサイトを運営することの意味とは何か。

決して一方的なメッセージではなく、「考える場」を提供することにある。それこそが、メディアの持つ役割だと考えています。

7

まずは傾聴です。
そして、早めに言うこと。

松田紀子
ファンベースカンパニー

松田紀子

まつだ・のりこ

1973年長崎生まれ。リクルート『じゃらん九州発』の編集経験後、出版社メディアファクトリーにて300万部突破の『ダーリンは外国人』などコミックエッセイジャンルを牽引。KADOKAWA移籍後、生活情報誌『レタスクラブ』の編集長を2016年より兼任。2019年ファンベースカンパニーに転職し、ファンベースに基づいた企業の伴走を実践するディレクターへ。2021年5月より出版社オーバーラップ『はちみつコミックエッセイ』編集長を兼任。コミックエッセイの描き手を育てるオンライン講座も運営。2022年6月より『オレンジページ』編集長兼任。

――これまでのご経歴をお聞かせください。

雑誌と書籍の両方の現場編集者と編集長を務めていました。出版社は2019年9月に40代半ばで退社し新たなキャリアへチャレンジするために、ベンチャー企業の株式会社ファンベースカンパニーに転職しました。

現在は、ファンベースカンパニーに所属して、ファンベースに基づいた企業コンサルティングのディレクターをしながら、『はちみつコミックエッセイ』編集長と、生活情報誌『オレンジページ』編集長を兼任しています。

読者のために、読者が好きなものを作っていく。その姿勢は根本的に変わらず、出版社にいたときからファンベース的なことをわりとずっとやってきました。ただ、以前は生まれつきの感覚でやっていたのが、今は理論に基づきながらやれるようになった。その違いはありますね。

――さまざまな相手とさまざまな立場で仕事をする中で、コミュニケーションで意識していることはありますか。

心がけているのは、まず相手の話を傾聴すること。これは私自身がコーチングを学んだこともありますが、相手は誰かに話をきいてもらうことによって自分を客観視でき、そのことで自分の本心に気が付き、ストンと腹落ちしたうえで、次のステージに行けるからです。

たとえばコミックエッセイの作家さんなら、描きたいものはわかっていても、それをどう表現していいかわからないといったモヤモヤを抱えていることが多いもの。そこをまずしっかり吐き出してもらうと、作家さんの混乱がストンと解決することが圧倒的に多いんです。

ファンベースカンパニーでの仕事であれば、相手は経営者や目上の方が多いですが、しっかり傾聴の姿勢を現すことで気持ちよく話してもらえることは多いです。

『オレンジページ』では、みんな優秀でベテラン編集者なので、初歩的な企画の崩壊などはありませんが、それでも悩む場面はたくさんあります。編集長として私が答えを出せば早いのだけれど、悩んだ末に自分の力で解決していく経験を積まないと、編集者としては成長できない。なので、たとえば「AとBとCではどれがいいのか。それぞれのメリットとデメリットは何で、何に悩んでいるのか」ということを話してもらって、「一番気に入っているのはどれ？」と戻すことは多いです。

――言い方やタイミングで意識していることはありますか。

伝え方は相手によりますが、なるべく早く思っていることをお伝えするようにしています。よいのか悪いのかはもちろん、今はまだ考えがまとまらないなら、「現段階ではこう思う。でも、もう少し考えてみたいので後ほどまたメールします」といったことや、忙しくて原稿を確認する時間がないなら、「このあと出かけてしまうので、明日の午前中までには返します」といったことも含めてです。

相手を「あれ、どうなったんだろう？」とやきもきさせたり、私が返信しないことでみんなの仕事が止まってしまっては非常に申し訳ないので、心にあることをいち早く伝え、自分の中にあまり滞留させないように心がけています。

もっと若い頃は、「相手に失礼だから、1から100までしっかり考えを整理したものをお渡しせねば」と思って一度返事を寝かせることもよくありました。でも、それだと時間がかかりすぎる。今は小まめにボールを投げ合って、会話量を増やしながら仕事をするほうがいいなと感じています。

――コロナ禍でのコミュニケーションで変化はありましたか。

『オレンジページ』は、色校確認など物理的に対応するべきことがあるので週に2回は出社していました。他の仕事に関しては、コロナウイルスの影響でオンラインに切り替えた部分もけっこうあるので、全体的には圧倒的にオンライン対応が多かったですね。7割くらいでしょうか。その中で、電話やZoomなどのオンライン会議、メールやチャットといったテキストでのやり取りは、相手によって臨機応変に変えていきます。

話すことでスムーズにいく可能性が高いなら電話やオンラインミーティングで。視覚で把握して整理しながら進めたほうがよいならテキストで。Ｚｏｏｍなど顔出しが緊張するという作家さんとは、ＬＩＮＥで通話したり、音声だけでテレビ電話をしたり。画面越しでのやり取りに抵抗がない方とはオンラインミーティングをすることが多いですが、私自身のこだわりは特にありません。

コロナ前は、メールベースと対面でのコミュニケーションが主だったと思います。コロナ禍では会うことがままならないので、企画が固まる前は、オンラインで会話しながら進めることが多くなりました。

その際に、本題の前後には雑談を入れるようにしていました。対面であれば、会議室への移動時や会議後に話すなど、ちょっとした隙間時間でコミュニケーションを取る機会があります。そこで親睦を深めたり、新しい企画が生まれたり。でもコロナ禍では、そういう機会がほとんどなくなったせいで雑談が消えましたよね。だからなるべく最初の5分くらいは、「最近●×したんですけど……」と他愛のない話をして場をほぐすようにしています。

非言語のコミュニケーションという意味では、オンラインミーティングの際、自宅の仕事場の背景を見せるほうが新近感が湧くような気がして、背景の壁紙を使わなくなりました。クライアントと話すときは、生活感丸出しというわけにはいかないので、さすがに壁紙を利用しますが、それ以外は多少生活を感じさせるくらいがちょうどよいかなと。

――相手のクリエイティブを、どのような視点で見ていますか。

この人は何を伝えたいのか。何を描きたいのか。それを伝えるには、どこを削ると効果的なのか。あるいは、何を足すとより伝わるのか。読者目線で見たとき、違和感やざらっとした引っ掛かりがないか。さらけ出すことを恐れて、誰にでもできる一般的な表現になっていないか。もし、そうなっていた場合、どう伝えれば解決できるのか。

こういった視点で見ています。これは編集者になってからずっと大事にしていることで、変わりません。

――相手のクリエイティブに対してフィードバックをするとき、相手の性格や心理状況を踏まえて意識していることはありますか。

たとえば、相手から思うようなアウトプットが出てこないときも、まずは傾聴します。疑問のあるコマでも、「どうしてこういうふうに描かれたのですか？」と聞きます。そういうふうに表現したその人の事情が必ずあるので、それを聞いた上で「ちょっとわかりにくいですね」とか、「それを描くなら、こちらを強調した方がいいんじゃないですか」とお伝えすれば、納得しながらよりよい作品にしていける手応えを感じます。

書籍づくりはゴールまでの道のりが長いので、早め早めの危険察知やトラブル回避が大事です。3日後に締め切りが迫っているのに作家が「描けない」と言っている場合、これは編集者がそこまで相手とのコミュニケーションを放っておいた結果です。

「おや?・思ったよりも作画が遅れているな」と思ったら、ひとまず状況を聞く。相手にやんごとなき事情があるなら、編集側も打つ手があります。その危険を察知したり、回避したり、適切なフォローを入れながら、ともに発売日というゴールを目指すのが、編集者の仕事ですから。

——クリエイティブに対する判断軸は、どのように定めているのでしょう。

ご本人が伝えたいと思っている当初のテーマからぶれていないか。ぶれていたら「悪い」、ぶれていなければ「よい」と判断します。

たとえばコミックエッセイなら私の場合、最初にタイトルやプロット、何話でどういう話を描くか、読後感はこういう感じ、といったものをしっかり設計するんです。最初の段階で、作家さんと方向性やテーマを共有しておく。すると話やテーマが脱線したり、急にトーンが変わったり、読んでいてわかるんです。そういうときは、「このコマは省いて、もっとこちらを強調しましょうよ」といったボールの投げ合いをよくします。

隔週発行の『オレンジページ』の場合は、いつも時間との戦いになります。編集者がぶれてテーマが散らかったことは一度もないですが、時間がないがゆえに要点が捉えきれていない、みたいなことは人間だからどうしてもあります。そういうときは、時間もないので訂正箇所をピンポイントで伝えます。「テーマはこうなのに、コピーが妙にずれているからこういう風に直してください」みたいに。

ただ、まだ時間的に余裕のある企画に関しては、その号の目的や季節感など最初に決めたものからずれていなければ、楽しくワーワー言い合って、できるだけ編集部や編集者の楽しさが誌面に出るようにしています。

――伝えるべきことを伝え、提案していくコミュニケーションには何が必要でしょうか。

繰り返しになりますが、まずは傾聴です。そして、早めに言うこと。どうしてもお伝えしづらいことってありますよね。でも、だからこそ、「うまく言語化できないけれどなんだか違和感」みたいなことも含めて早めにお伝えしておく。「言いづらい」「もうちょっと話がまとまってから戻そう」と思っていると、だんだん時間が経って、リカバリーする時間もなくなって、どんどん悪い方向に行っちゃいますから。

ただ、伝えづらいことは、伝え方に気をつけています。昔、ある作家さんのネームに削りたいコマに赤でバツを付けたとき、ものすごく悲しまれたんです。せっかく描いたネームに「×」を付けられると、心が潰される思いだって。それが本当に申し訳なかったと猛省しまして。それ以来、変更してほしい部分には丸「○」を付けて、そこに「このコマは省きましょう」などと訂正する理由を記すようにしています。

――仕事を始めた最初の頃も、そうしたコミュニケーションはできていましたか。

若い頃はまるでできていませんでした。20代の前半、当時の編集長から「全然伝えられていない」という理由でゲラが真っ赤になって戻されてきて毎日泣きながら修正していました。自分が何を伝えたいのか、どういう世界観を作りたいのか、明確じゃなかったんですよね。だからうまく伝えられなくて、ライターさんやデザイナーさんにも、修正指示で真っ赤にしたゲラを戻してしまったり。でも、それってすごく無駄じゃないですか。最初の段階でどれだけ伝えたいことを明確化できるかを考えるようになりました。最初に固めるスタートダッシュ型に切り替えたら、修正作業が圧倒的に減り、その時間を使って新しい企画を考えられるようになりました。

SUMMARY

☑ 相手は誰かに話をきいてもらうことによって自分を客観視できる。まずは傾聴すること。

☑ 心にあることはいち早く伝え、自分の中で滞留させない。

☑ 小まめにボールを投げ合って、会話量を増やしながら仕事をしてみる。

WORKS

人生最大の失敗
オーバーラップ
野原広子（著）

オレンジページ
オレンジページ編集部

8

互いに他人。
大前提を共有して、
誤解を招かないこと。

熊剛
スクウェア・エニックス

熊剛《くま・たけし》

2001年エニックス（現スクウェア・エニックス）入社。漫画編集者として『黒執事』・『デュラララ!!』シリーズ・『魔法科高校の劣等生』シリーズ等を担当。またTVアニメ『革命機ヴァルヴレイヴ』副シリーズ構成、他社スマートフォンゲームのシナリオ・クリエイティブサポートなど、漫画以外のジャンルでも積極的に活動。Twitter：@takekumax

――これまでのご経歴をお聞かせください。

福岡の大学を卒業後、新卒で旧エニックスに入社しました。『Gファンタジー』編集部に配属され、現在副編集長をしています。

編集者になったのは、大学生のときに漫画家デビューしたことがきっかけです。でも連載10回で打ち切りになってしまいショックを受けて、漫画を描き続けることができなくて。それでもやっぱり、就活で自己PRをするなら、自分にできることといえば「漫画だな」と思って編集職を受けました。特別に強い熱意を持って編集者を目指していたわけではなく、お恥ずかしい話きっかけは流されて、その後仕事が楽しくなって今に至るという感じです。

――コミュニケーションで意識していることはありますか。

いま一番意識しているのは、ＳＮＳが普及してから議論されている「編集者不要論」を前提として行動することです。

ひと昔前までは、プロの漫画家になりお金を稼ぐための道は、マンガ誌というオーディションを通過することだと思われていました。だけど、今は誰もが自分で発信できる時代です。これにより、漫画家さんにとって、「自分では選べない担当編集」による「ダメ出し」は、必ずしも聞くべきことではなくなり、ただストレスのかかることとなりました。

そして編集者にとっては、これまで出していたマンガ誌としてのフィードバックは、漫画家さんに「いやいや対処してもらっていた」のだということに気づかされることとなりました。編集者が雑誌としての考えや、自分の意見をフィードバックとして渡すものは受け手側には「ダメ出し」と言われますが、クリエイターが自分で発信できる今の時代、「ダメ」なことなんて存在しません。「その漫画家の作品を、この媒体で出す意味は何なのか」をすり合わせていくことが大切だと思っています。

そこで、僕は自分がやり取りする漫画家さんとは共有すべき3つの大前提を、初めに話すようにしています。ひとつ目は、『Gファンタジー』という媒体の読者に楽しんでもらえる漫画を依頼していること。2つ目は、漫画家さんの作家としての目標を叶えてほしいこと。3つ目は、僕の方は社員として会社に利益を出すために存在していること。これを共有しておくことで、同じ方向を向いて進んでいけると思っています。

これ以外にも、個人の考えや都合についてもどんどん共有していってもいいと思っています。たとえば、どのくらい稼ぎたいとか、どのくらいのペースで仕事をしたいとか、そのときの家庭の都合とか……。お互いに目標や事情を話すことで、疑心暗鬼が少なくコミュニケーションを続けられることが大切だなと思っています。

——フィードバックを「ダメ出し」としてマイナスにとらえられないために、具体的に「返信」で心がけていることはありますか？

4、5年前から、ネームのフィードバックは電話ではなく、PDFに書いて送るようにしています。それから、文字の色を4色に分けることで、それぞれのフィードバックの役割や重要性をはっきりさせるようにしています。

文字で、そして4色に分けてフィードバックをするメリットは、お互いのストレスが減ることです。また、データでお渡しすることによって、いつ・誰でも内容を確認できます。それから、色分けによって、漫画家さんはどのフィードバックを優先・集中すればよいか、一目でわかります。以前は、たとえば第2稿が届いた時に、僕が指摘したところが修正されていないことに「打ち合わせの内容を忘れている」と勘違いすることもありました。今は、どの指摘が重要で、どの指摘にどんな役割があるかがしっかり「共有できているとわかっている」ので、どんな第2稿が来ても、「漫画家さんがフィードバックを独自に取捨選択したんだな」と誤解なく受け取ることができるようになりました。

デメリットは、フィードバックが遅くなることです。それを読むのが何日後だとしても、理解できることや、他人が読んでも誤解がなく伝わることに気を付けているので、どうしても書くのに時間がかかります。それから、電話などのメリットである、声の調子で感情面を表現できない分、冷たく感じられてしまうこともありますね。

互いに他人。大前提を共有して、誤解を招かないこと。

——具体的に、どのように色分けしていますか？

まず、赤色が掲載不可レベルのNGです。これは、差別表現や『Gファンタジー』で許容されないレベルの性描写などです。次に、青色はテクニック論的には正しいけれど、該当作品に必要かどうかは曖昧な小さな点。これは「スルーOK」としています。たとえば、同じ語尾が3回続いているので、変えませんかというような提案です。それから、黄色は僕の意見。コマの入れ替えや、展開についてなどの僕個人の意見です。これも「スルーOK」と伝えています。紫色は質問です。僕が担当しているのはファンタジー漫画なので、現実と違う描写に対して現代人目線での質問をすることで、漫画の独自設定や背景が他者目線でよりわかりやすくなることを狙っています。質問だけで終わる場合もあれば、漫画家さんの答えを原稿に反映しませんかと、そこからさらに黄色で提案することもあります。

――コロナ禍で非対面コミュニケーションが増加しましたが、伝え方で変化したことはありましたか。

漫画家さんからの持ち込みが、訪問からメールになったことです。それに対する返事ももちろん基本的にはメールで行いますが、文章では表情やニュアンスがわからないから、上から言っているように読めちゃうんです。それをできるだけ避けるために、編集部で決めていることが2つあります。まずは『Gファンタジー』読者に限定すれば、こっちの方がいい、こっちの方がウケる」という蓄積データに基づいて言っている、ということを最初に伝えること。それから、数ある指摘の中から有用と思ったものだけを取捨選択してほしいと伝えること。

メールに原稿を添付して送ればいいので、作家さんにとっては、心理的、物理的、金銭的な投稿ストレスが減ったと思います。なので、以前と比べれば、持ち込みの数はとても増えました。ただ、その分ジャンルが全く合っていない作品も多くなりました。だからこそです。

――相手のクリエイティブを、どのような視点で見ていますか？

漫画家さんに対して、「良い」「悪い」という意見はＮＧにしています。いろいろな作家さんがいて、それぞれに価値観があるので。

自分が若いときの担当作品『黒執事』がヒットしたおかげで、漫画家さんが僕を指名して意見を仰いでくれることもありますが、あの頃からずいぶん時間が経ち、変化したことがたくさんあります。価値観の変化であればアップデートすればいいだけですが、当たり前ですが、年齢も重ねました。20歳の漫画家さんに27歳の僕が言うのと、40歳の僕が言うのとでは、内容が同じだったとしても漫画家と編集者のチームとしての一体感に差があります。今の僕では説教感が出てしまうというか。なので、「良い」「悪い」は捨てて長く経ちますね。

それから、会社員としてではなく個人の漫画編集者としては、複雑なものは複雑なままに作品を作ることを目標としています。会話で例えるなら、漫画家さんが10分話したことを、編集者が「ふむふむ、つまり○○ってことですね」と一言にまとめてしまうのではなく、10分話したことをそのまま共有していきたいということです。実際に、枢やな先生とはそういった漫画の作り方をしています。たとえば、互いの人生や仕事における経験やそのときの感情をじっくり話すこともあります。人によっては「無駄な自分語り」に聞こえるものも、何か漫画の役に立つかもしれないですよね。

業界としては、今はウェットなもの、クリエイティブなものをドライにフォーマット化、プロジェクト化、ブランド化して効率良く運用されています。計画的に作品のブランドを大きくしていくというか。それにより、制作費や見栄えがリッチなコンテンツが量産される一方で、物語や登場人物など本質的にはクオリティが低いものも生まれてきているんですよ。そうした、複雑なものを効率化することによるロスは少なく、でも作品のブランドのレベルは上げていきたいと考えています。

ただし、このやり方は前段でお話ししたこととは逆で「一般的に正しいやり方」とは異なるものです。もし複雑なものを複雑なまま話し合ってつくっていくことを許してくれる漫画家さんがいたらいいなと思っています。漫画家さんがそれを求めていること、漫画家さんを不幸にしないのが前提です。担当している作品の中には、「編集者の意見は求めていない」と漫画家さんからの大前提があって、掲載媒体の表現NG以外のフィードバックは一切せず、原稿を受け取って入稿するだけの作品もあります。

――仕事を始めた最初の頃は、いかがでしたか？

新人が初めて担当するのは、有能かつベテランかつ温厚な漫画家さんが多いです。だから、最初のうちはその漫画家さんたちに育ててもらっている感じでした。それこそ、漫画家さんのところへ打ち合わせに行って、先生と楽しくお話をしていたら、漫画を完成させてくれた、というようなところからスタートです。

失敗したのはその次の段階で、『Gファンタジー』のルール＝漫画界のルールだと思い込んでしまったことですね。他社で活躍されている漫画家さんに、『Gファンタジー』の独自のルールを、そうとは知らずに共有せず、ビジネスをスタートしてしまうことも。

それから、当時はフィードバックとして、『Gファンタジー』でウケるものを「良い」、ウケないものを「悪い」と伝え、こちらの意向通りに修正してもらえるように漫画家さんを説得することを仕事だと思い込んでいました。ザ・組織としての意思を勝手に汲んで動いていたので、いわゆる「稼ぐ編集者」だったかもしれません。でも、今ははっきりとそれは「悪」だと思っています。

――「返信すること」にまつわる、印象的なエピソードがあれば教えてください。

僕が若手のときに、人気があって複数の出版社で連載をしている漫画家さんに、スクウェア・エニックスでも連載をしてもらう、ということがあったんです。そのときに、良かれと思って、その漫画家さんの新連載が掲載されている他社の漫画雑誌を本屋で購入したんですね。それですぐに先生にその漫画がいかに素晴らしかったかの感想を、メールで送ったんです。そしたら、お怒りと共に呼び出しを受けました。「なぜだろう」

と思っていたら、「そんなにお前のところで描いている漫画はダメか」「出版社や雑誌によってクオリティに区別をつけたことはない」と言われて。

当時、スクエニは弱小で、先生が新連載を始めた雑誌の版元が大手出版社だったんです。だからきっと、先生は僕が嫌味を言っているのだと思われたんですね。僕はもちろんそんなつもりはなかったので、「いえ、単純にめっちゃ面白いと思ったからメールしたんです」と言うと、すぐにわかってくれて、「ごめん」と謝られて。お互いにキョトンとしてしまいました。

それくらい、メールの内容の良し悪しではなく、送り手と受け手の立場や関係性で伝わり方が違ってしまうんですね。メールの書き方だけではなくて、互いの心理状況も影響します。先生は多忙なので原稿が遅れることもあって、「編集者は陰では自分にむかついているんだろうな」と思っている状態だった。そして、僕は、「編集者は担当作家の新作の感想を真っ先に送るものだ」と思い込み、意気込んでいたので、当時の互いにとって必要のないことをしてしまったのかもしれません。

今は、フィードバックは最初の頃に比べると淡々としていっていると思います。フィードバック以外の個人的な好みを含む話は、実際の会話でのみにするようにしています。

熊剛　スクウェア・エニックス

SUMMARY

☑ 個人的なことも含めてお互いに目標や事情を話して、大前提を共有するコミュニケーションを心がける。

☑ 数ある指摘の中から有用と思ったものだけを取捨選択してほしい、と伝える。

☑ 作品のフィードバック以外の個人的な好みを含む話は、実際の会話でのみに。

WORKS

黒執事
スクウェア・エニックス
枢やな（著）

ヴィクトリアの電気棺
スクウェア・エニックス
田島生野（著）

おわりに

本書では、8名のプロフェッショナル編集者に、「返信」をひとつのテーマとして、コミュニケーションで大切にしていることを聞きました。

相手との距離感の保ち方や、メールの送り方。コロナ禍で非対面コミュニケーションが増えたことで、変わったことと変わらないこと。円滑なやり取りのためのちょっとしたコツや、人間関係に大切な考え方。ご自身の経験から、様々な回答をいただきました。

担当されるメディアや向き合う相手も多種多様で、もちろん、お一人お一人、性格は異なります。しかし、皆さんに共通していたのは、相手に対してとにかく誠実であることでした。

日々の業務に忙殺され、つい、返事がおざなりになってしまうことや、相手と正面から向き合うことから逃げてしまいたくなることもあるでしょう。しかし、相手にとって、自分は自分だけなのです。

最後となりますが、発行にあたり、インタビューにご協力いただいたすべての皆さまに感謝申し上げます。

月刊『宣伝会議』編集部

宣伝会議 の書籍

なぜウチより、あの店が知られているのか？
ちいさなお店のブランド学

嶋野裕介・尾上永晃 著

多くの個人や企業がネットショップやSNSを通じてビジネスする時代に不可欠となっている「SNSで注目される・知られる」ための方法とは。「客観視」のやり方や、プロがSNS発信で使うさまざまな「技」について、広告プランナーでありSNSとPRのプロである著者2人が解説する。

■本体1800円＋税　ISBN 978-4-88335-569-3

ステークホルダーを巻き込みファンをつくる！

オウンドメディア進化論

平山高敏 著

BtoC、BtoB問わず、企業が注目するオウンドメディア。KIRIN公式 note立ち上げの立役者である著者が「顧客との持続的なつながり」を生むオウンドメディアの可能性を説く。多くの人を巻き込み、共創する新時代・オウンドメディア運営の教科書。

■本体2000円＋税　ISBN 978-4-88335-555-6

わかる！使える！デザイン

小杉幸一 著

デザインに対する「わからない」を「わかる！」「使える！」に変える。アートディレクターである著者が、仕事で培ってきたデザインに対する考え方や進め方をまとめた。デザインを依頼する立場の方はもちろん、デザインの仕事を始めて日が浅い方にも役立つ一冊。

■本体2000円＋税　ISBN 978-4-88335-551-8

地域の課題を解決するクリエイティブディレクション術

田中淳一 著

全国38の都道府県で自治体や企業などの案件を率いてきた筆者による、地域プロジェクトならではの方法論。リサーチとコンセプト設定からはじまるクリエイティブ開発の方法を、体系的にわかりやすく解説する。

■本体1800円＋税　ISBN 978-4-88335-529-7

編集者の返信術

編　集　月刊『宣伝会議』編集部
発行日　2023年6月18日　初版　第一刷
発行人　東彦弥
発行元　株式会社宣伝会議
〒107-8550 東京都港区南青山3-11-13
TEL. 03-3475-3010（代表）
https://www.sendenkaigi.com/
装丁・本文デザイン・DTP　次葉
印刷・製本　精文堂印刷

ISBN 978-4-88335-578-5